Otros títulos publicados por Editorial *A Contracorriente*:

Marisol Montaño, Alejandro Solomianski y Sofia Wolhein (eds.), *Otras voces. Nuevas identidades en la frontera sur de California (Testimonios)*

Ana Peluffo (ed.), *Pensar el siglo XIX desde el siglo XXI. Nuevas miradas y lecturas*

Andrea Matallana, *El Tango entre dos Américas. La representación del tango en Estados Unidos, 1910-1939*

Brantley Nicholson y Sophia McClennen (eds.), *The Generation of '72: Latin America's Forced Global Citizens*

Carlos Aguirre (ed.), *Militantes, intelectuales y revolucionarios. Ensayos sobre marxismo e izquierda en América Latina*

Carlos Aguirre y Javier Villa-Flores (eds.), *From the Ashes of History: Loss and Recovery of Archives and Libraries in Modern Latin America*

Emilio del Valle Escalante (ed.), *Teorizando las literaturas indígenas contemporáneas*

Laura Prado Acosta, *Los intelectuales del Partido Comunista. Itinerario de Héctor Agosti (1930-1963)*

Diana Moro, *Sergio Ramírez, Rubén Darío y la literatura nicaragüense*

Raúl Diego Rivera Hernández, *Del Internet a las calles: #YoSoy132, una alternativa de hacer política*

Ariel Goldstein, *Prensa tradicional y liderazgos populares en Brasil* (En prensa)

Nick Henck, *Insurgent Marcos: The Political-Philosophical Formation of the Zapatista Subcommander* (En prensa)

Alejandro Sánchez Lopera, *José Revueltas y Roberto Bolaño: Formas genéricas de la experiencia* (En prensa)

Hernán Camarero y Martín Mangiantini, *El movimiento obrero y las izquierdas en América Latina. Experiencias de lucha, inserción y organización* (En prensa)

Paulo Drinot, *La Patria Nueva: Economía, sociedad, y cultura en el Perú, 1919-1930* (En prensa)

La sociología de las emociones en Carlos Marx

Adrián Scribano
CONICET
Universidad de Buenos Aires

Raleigh, NC

© 2016 Adrián Scribano

Reservados todos los derechos de esta edición para:
© 2016, Editorial *A Contracorriente*

All rights reserved for this edition for:
© 2016, Editorial *A Contracorriente*

ISBN: 978-1-945234-01-9

Ninguna parte de este libro, incluido el diseño de la cubierta, puede reproducirse sin permiso del editor.

No part of this book, including the cover, may be reproduced without expressed permission from the editor.

Library of Congress Control Number: 2016944734

Library of Congress Cataloging-in-Publication Data: pending

ISBN 10: 1-945234-01-6
ISBN 13: 978-1-945234-01-9

Edición y corrección: Diana Torres
Foto de la tapa: *Karl Marx, painted portrait* de Thierry Ehrmann (CC BY 2.0)
Diseño de tapas: SotHer

Esta obra se publica con el auspicio del Departamento de Lenguas y Literaturas Extranjeras de la Universidad Estatal de Carolina del Norte.

This work is published under the auspices of the DEPARTMENT OF FOREIGN LANGUAGES AND LITERATURES at NORTH CAROLINA STATE UNIVERSITY.

Distributed by the University of North Carolina Press, www.uncpress.org.

Tabla de contenido

Introducción   1

Primera Parte

   Capítulo I Una sociología de los cuerpos y de las emociones según Carlos Marx   7

   Capítulo II Cuerpos y emociones en *El Capital*   29

Segunda Parte

   Capítulo III Con el sudor de tu frente: una sociología de los cuerpos/emociones en Marx desde la comida y el hambre   51

   Capítulo IV Lo popular y lo subalterno: Una mirada desde la perspectiva de Marx   65

   Capítulo V ¡Plus-valía… hay una sola! Una mirada mobesiana al concepto de Marx   77

Anexo: Marx indeterminado   99

Referencias bibliográficas   145

Introducción

Una de las claves del actual proceso de estructuración social a nivel global es la elaboración, gestión y reproducción de las emociones. Las compañías multinacionales desde hace mucho tiempo ya nos prometen felicidad por beber una gaseosa (Coca-Cola, 1886), el alivio de lo instantáneo en tomar una taza de café (Nescafé, 1938) o la belleza que se transmite al viajar en o tener un auto (Ford, 1903). Hoy, esta situación se ha complejizado y extendido. La salud,[1] la educación,[2] las relaciones familiares,[3] la economía,[4] los *mass media*[5] se han poblado y dependen de diversas prácticas del sentir.

La economía depende de la "confianza" y del "humor social"; las interacciones familiares de la "sensibilidad" de cada uno; las prácticas educativas deben incorporar lo afectivo; la comida gira alrededor de "tener experiencias".

La expansión del capitalismo a escala planetaria tiene hoy, en la mercantilización de las conexiones entre sensaciones y emociones, uno de sus principales nodos.

Desde Sombart, Weber y Simmel la sociología ha explicado y aceptado que el lujo, el ascetismo y el sacrificio (respectivamente) pueden ser entendidos en tanto las puntas de los hilos de la madeja que conocemos como capitalismo.

Es, en este contexto, que se justifica y se hace necesario realizar un análisis del contenido de una sociología de las emociones en el autor clásico que dedicó gran parte de su vida a explicar el origen y funcionamiento del capitalismo: Carlos Marx.

Las lecturas escolásticas, simplistas, dogmáticas y/o interesadas han puesto hoy, a las ideas de Marx, en una suerte de anaquel distante y coagulado de una biblioteca de clásicos delimitada por algunas expresiones devenidas anatemas: sustancialista, determinista, materialista, etc.; procurando hacer evidente que "nuestro mundo" indeterminado, contingente y en constante pluralización, nada tiene que ver con ellas.

El libro que aquí presentamos tiene por objetivo justamente hacer explícita la existencia (importante y sistemática) de una sociología de las emociones en la obra de Marx y presentar, a partir de ello, una perspectiva más compleja e indeterminada de su visión teórica y epistémica.

Para lograr el objetivo expuesto hemos organizado el libro en cinco capítulos divididos en dos partes y un anexo con la siguiente estrategia argumentativa: a) el anexo puede ser leído antes o después de los capítulos, en él se presenta el encuadre teórico-epistémico de Marx desde la indeterminación, relacionalidad y reflexividad; b) el capítulo I es un trabajo que muestra, dados los parámetros de la disciplina en la actualidad, que, en Marx, se puede constatar la existencia de una sociología de las emociones tomando como referencia una hermenéutica de los *Manuscritos Económicos Filosóficos* del 44; c) el capítulo II complementa al primero, dándole contundencia comprensiva a la conjetura central del libro, dado que explicita el rol fundamental de la emociones en *El Capital*, aquí finaliza la primera parte cuya meta básica es hacer evidente una sociología de las emociones en Marx; d) con el capítulo III, dedicado a explicitar la mirada de Marx sobre el hambre y la comida, se inicia la segunda parte que busca conectar con las emociones, tres temas, para nosotros centrales en una lectura desde el siglo XXI de la ideas de nuestro autor, la energía corporal, lo popular y las formas de plusvalía; e) el capítulo IV refiere a un conjunto de tesis sobre lo popular que se pueden extraer desde la herencia del autor que dedicó su vida al proletariado, como sujeto de la historia y f) el capítulo V se organiza en torno a una reflexión sobre la noción de plusvalía y el lugar de las sensibilidades en la misma, como clave para entender la situación actual de las prácticas capitalistas.

Como es posible advertir, no sustancialismo, indeterminación, relacionalidad son algunas de las claves de comprensión del pensamiento de Marx que abren y guían unos caminos (siempre heterodoxos) de interpretación del capitalismo desde una sociología de las emociones.

De modo muy sintético podemos decir que las síntesis de los componentes del libro son las que siguen:

Primera parte

I.   *Una sociología de los cuerpos y las emociones desde Carlos Marx*

El objetivo es hacer evidente cómo, en los escritos de Marx, es posible encontrar huellas claras para la elaboración de una sociología de los cuerpos y las emociones. Si bien puede existir una diversidad de estrategias, para lograr el aludido objetivo seleccionamos aquí la lectura e interpretación de los *Manuscritos* del 44 como corpus textual para apuntalar una de las sistematizaciones posibles. Para alcanzar dicha sistematización hemos seleccionado la siguiente estrategia argumentativa: a) reseñamos algunas visiones sobre los rasgos más sobresalientes de la sociología de los cuerpos y las emociones, b) presentamos, a continuación, los elementos conceptuales básicos que en los *Manuscritos* nos permiten reconstruir una sociología de ese género, y c) presentamos, a modo de conclusión, tres aproximaciones sucesivas que nos permiten alcanzar el objetivo propuesto.

II. Cuerpos y emociones en El Capital

El objetivo del capítulo es reconstruir la sociología de los cuerpos/emociones presente en la obra de Marx. La argumentación que elaboramos puede bosquejarse del siguiente modo: a) se establecen muy sintéticamente los conceptos centrales que se usan para realizar la lectura propuesta, b) se muestran algunos de los nodos de las complejas relaciones entre sentidos, músculos/cerebro y carne, en tanto ejes de las políticas de los cuerpos/emociones analizadas por Marx, c) se esquematiza la centralidad del disfrute/goce y de la crueldad, como claves de lecturas de las sensibilidades capitalistas, d) se argumenta, con base en lo expuesto, la obvia existencia de una sociología de los cuerpos/emociones en *El Capital*, con un rol fundamental en la elaboración de una crítica radical al capitalismo.

Segunda parte

III. Con el sudor de tu frente: una sociología de los cuerpos/emociones en Marx desde la comida y el hambre.

El capítulo tiene por objetivo mostrar, de un modo introductorio, cuál es el lugar del comer/alimentarse en la sociología de los cuerpos/emociones en Marx. La estructura argumentativa que se ha seleccionado es la siguiente: a) se sintetiza la pertinencia de la existencia de una sociología de los cuerpos/emociones en Marx, b) se analizan algunos textos de diferentes obras del autor enfatizando su análisis sobre el comer/alimentarse y c) se extraen algunas preguntas a modo de conclusión en conexión con la situación de la temática en el contexto actual del Sur Global.

IV. Lo popular y lo subalterno: una mirada desde la perspectiva de Marx

Si lo popular no se reduce a lo masivo, si no se puede acotar a lo folk, si no es sinónimo de pueblo, si no se puede resolver en lo marginal-marginado, si no es posible ser limitado en sus oposiciones a lo culto: ¿Cuáles son los elementos que caracterizan lo popular al comienzo del siglo XXI? Sin pretensión alguna de exhaustividad, ni universalización y menos aún desde ninguna postura que implique romanticismo y miserabilismo alguno, el capítulo intenta dar respuesta a la pregunta formulada. Como pista analítica que permita armar y re-armar dicha respuesta presentaremos cinco (anti)tesis sobre las bandas mobesianas que re-articulan los rasgos de lo popular hoy, haciendo pie en el legado de Marx.

V. *¡Plusvalía hay una sola!: tramas de mobesianas de la expropiación*

El capítulo tiene por objetivo retomar la noción de plusvalía y realizar una reconstrucción de lo que se puede entender por plusvalía ideológica y plusvalía ecológica. El argumento se ha organizado de la siguiente forma: a) en primer lugar, se sintetizan algunos puntos de partida del "desde dónde" se lee a Marx, b) se explicita la noción analizada desde los textos de Marx y c) se exponen los componentes básicos de los resultados mobesianos existentes en la apertura a lo ideológico y a lo ecológico.

Anexo: Marx indeterminado

Se desarrolla una mirada sobre "las sujeciones", desde y a través de la obra de Marx, tomando como referencia lo que en ella hay sobre la conexión cuerpos/emociones en tanto claves para la crítica social. La estrategia argumentativa ha sido: a) partir de la explicitación de la presencia de la indeterminación en el pensamiento de Marx, b) hacer referencia a las relaciones entre deseo, disfrute y desigualdad, c) explicitar las conexiones entre fetiche, fantasma y fantasía, d) mostrar la vinculación entre avaricia, lujo y ahorro y, finalmente, e) esquematizar la idea de una fantasía colonial que implica, Políticas de la identidad, Políticas de los cuerpos y Políticas del sentido común.

Uno de los desafíos de toda sociología de las emociones es brindar una explicación sobre el proceso de articulación entre impresiones, percepciones, sensaciones y emociones, por un lado; y hacer evidente el conjunto de prácticas del sentir que constituyen la estructuración social en un tiempo-espacio. Con el presente libro creemos haber mostrado la existencia de esos dos componentes en el pensamiento de Marx que nos devuelven un rasgo de su obra que lo actualiza e inscribe en uno de los campos centrales para las Ciencias Sociales del siglo XXI y con esto avanzar en una mejor comprensión de nuestro presente.

Notas

1) Wu, Charlene C., Samanez-Larkin, G. R., Kiefer, K., y Knutson, B. "Affective traits link to reliable neural markers of incentive anticipation",. *NeuroImage* 84 (2014): 279-289.
2) Pekrun, R. *Emotions and Learning International* (New York: Academy of Education. International Bureau of Education, 2014).
3) Gottman, J., Fainsilber Katz, L. y Hooven, C. "Parental Meta-Emotion Philosophy and the Emotional Life of Families: Theoretical Models and Preliminary Data", *Journal of Family Psychology* 10 3 (1996): 243-268.
4) Ahmed, S. "Affective Economies", *Social Text* 22 2 79 (2004): 117-139.
5) Wirth, W. y Schramm, H. "Media and Emotions", *Communication Research Trends* 24 3 (2005): 1-43.

Primera Parte

Capítulo I Una sociología de los cuerpos y de las emociones según Carlos Marx

"Si suponemos al hombre como hombre y a su relación con el mundo como una relación humana, sólo se puede cambiar amor por amor, confianza por confianza, etc. Si se quiere gozar del arte hasta ser un hombre artísticamente educado; si se quiere ejercer influjo sobre otro hombre, hay que ser un hombre que actúe sobre los otros de modo realmente estimulante e incitante. Cada una de las relaciones con el hombre –y con la naturaleza– ha de ser una exteriorización determinada de la vida individual real que se corresponda con el objeto de la voluntad. Si amas sin despertar amor, esto es, si tu amor, en cuanto amor, no produce amor recíproco, si mediante una exteriorización vital como hombre amante no te conviertes en hombre amado, tu amor es impotente, una desgracia".

Carlos Marx[1]

1. *Introducción*

El presente capítulo tiene por objetivo hacer evidente cómo, en los escritos de Marx, es posible encontrar huellas claras para la elaboración de una sociología de los cuerpos y las emociones. Si bien puede existir una diversidad de estrategias, para lograr el aludido objetivo hemos seleccionado aquí la lectura e interpretación de los *Manuscritos* del 44 como corpus textual para apuntalar una de las sistematizaciones posibles.

Para alcanzar dicha sistematización hemos seleccionado la siguiente estrategia argumentativa: a) hemos reseñado algunas visiones sobre los rasgos más sobresalientes de la sociología de los cuerpos y las emociones, b) a presentamos, a continuación, los elementos conceptuales básicos que, en los *Manuscritos*, nos permiten reconstruir una sociología de ese género, y c) presentamos, a modo de conclusión, tres aproximaciones sucesivas que nos permiten alcanzar el objetivo propuesto.

Dejamos afuera aquí tres facetas muy importantes de la mirada de Marx sobre las conexiones entre sentidos, sensaciones y emociones, como lo son la alineación, el fetichismo y la religiosidad del capitalismo, no solamente por cuestiones de espacio, sino (y fundamentalmente) por nuestro interés en mostrar los rasgos básicos de la posibilidad de encontrar en sus trabajos los lineamientos generales para la elaboración de una sociología de los cuerpos y las emociones.

Los motivos por los cuales sostenemos que la tarea aludida es posible son diversos y variados pero, fundamentalmente, se reducen a los siguientes ejes que toda sociología de los cuerpos y las emociones debe contemplar, según nuestro enfoque al respecto: 1) brindar una respuesta sobre cuáles son las relaciones entre sensaciones y cuerpos, 2) establecer el carácter de natural/construido que tienen los "fenómenos" emocionales, 3) posibilitar el análisis de las conexiones entre cuerpos, emociones y estructuración de la sociedad, y 4) identificar, al menos preliminarmente, cuáles son los resultados de las conexiones aludidas en términos de identificar las emociones "prevalentes" en una sociedad determinada.

Como trataremos de mostrar, todos estos ejes pueden ser encontrados explícitamente en los *Manuscritos* del 44 de Marx dejando pendiente, como ya hemos afirmado, para otro momento, su rastreo en el resto de su obra.

2. *Sociología de los cuerpos y las emociones: una caracterización posible*[2]

Desde las clásicas reflexiones de Mauss sobre la técnica de los cuerpos, pasando por la biopolítica de Foucault, hasta llegar al actual estado de las investigaciones, se han institucionalizado, en las ciencias sociales, las exploraciones del cuerpo como centro de los procesos de producción y reproducción de la sociedad.

Existen diversas maneras de sistematizar las orientaciones teóricas en las que se fundan los estudios sobre el cuerpo; una posible, teniendo en cuenta el contexto latinoamericano y sin pretensiones de exhaustividad, es la siguiente: a) una línea de trabajo ligada a Foucault y sus conceptos de control, disciplinamiento y tecnologías del yo; b) un enfoque conectado a Bourdieu y sus nociones de habitus, hexis corporal y espacio social; c) un conjunto de investigaciones en el campo de lo biopolítico que refieren a Esposito, Agamben, por un lado, y a Negri y Hardt por otro; y d) las indagaciones que desde una visión post-colonial, retoman a la corporalidad como pista para un pensamiento contra-hegemónico.

Otra posibilidad para comprender las discusiones teóricas que implican los estudios a los cuales se está haciendo referencia es señalar la impronta de trabajos claves en la bibliografía específica. En este sentido no se puede soslayar la importancia de Bryan Turner y de su trabajo, *El cuerpo y la sociedad. Exploraciones en teoría social* (1989), y la influencia de David Le Breton con, sus muy citados, *Antropología del cuerpo y modernidad* (1995) y *La sociología del cuerpo* (2002).

Una perspectiva diferente para comprender las tradiciones teóricas que suelen respaldar las investigaciones en este campo de indagación es acudir a los autores clásicos en la temática: Nietzsche, Merleau-Ponty, Spinoza, Marx. Una mirada complementaria se obtiene relevando la presencia de autores contemporáneos de la sociología como Goffman, Simmel y Elias; de la filosofía como Derrida, Butler y Deleuze o, desde el psicoanálisis, como Freud, Lacan y Žižek.

Desde otra perspectiva, es preciso señalar también, lo que han explicitado Lisa Blackman y Mike Featherstone, como editores de *Body and Society*:

> 2) En nuestro rol como editores, hemos identificado un número de temas emergentes que están dando forma al campo, e incluyen un interés renovado en relación a la vida y al afecto en las ciencias sociales y humanas. Los paradigmas tanto de la vida como de los afectos rompen la distinción entre lo humano y otras formas de vida, tal como encontramos en diversas formas de vital-ismos (Bergson, Deleuze, Massumi) y hacen eco en debates que cruzan las ciencias biológicas y 'ambientales' (Varela, Oyama, Lewontin, Margulis, Rose). Es un nuevo post-humanismo que examina nuestros puntos en común con otras formas de vida como criaturas y especies acompañantes (Haraway) y la necesidad de una ética no antropocéntrica (Derrida). El foco puesto en la vida reconoce el gobierno y la regulación de los cuerpos (biopolítica), así como la inversión en diferentes prácticas (medios, consumo, biotecnológico) tanto en la materialidad como en la inmaterialidad de los cuerpos, en tanto biocapitales y biomedios (código, información) (2010:3).[3]

En la misma línea, los estudios sociales sobre las emociones también han sido objeto de diversos tratamientos desde Darwin, pasando por Sartre y llegando a las propuestas de Collins, Hochschild y Kemper, sólo para mencionar algunos de sus puntos de referencia más conocidos.

Rogelio Luna Zamora,[4] siguiendo a Armon-Jones[5] y Hoschild,[6] sugiere una clasificación de los estudios sobre las emociones en tres grupos sistematizados, en función de la importancia que, en ellos, se le asigna a lo biológico o a lo cultural como origen de las mismas: el orgánico naturalista, el construccionista no radical y el construccionista radical.

Smith y Schenider[7] sostienen que las numerosas teorías sobre las emociones pueden ser agrupadas dentro de una clasificación tripartita: la determinista, la construccionista social y la interaccionista social.

Por su lado, Gross y Feldman Barrett,[8] con la intención de evaluar las diferencias de las visiones sobre la "generación" y/o "regulación" de las emociones, clasifican en cuatro grandes grupos las perspectivas actuales para estudiar las emociones: los modelos de emociones básicas, los modelos evaluativos, los modelos de construcción psicológica y los modelos de construcción social.

Hasta el momento existe, según nuestro punto de vista, una gran laguna sobre un adecuado balance de los aportes de Marx como "pionero" de un análisis crítico de lo social, desde el lugar que ocupan las relaciones entre cuerpos, emociones y sociedad. Es obvio que existen bibliotecas enteras sobre alineación y extrañamiento, cientos de reflexiones sobre el fetichismo (incluidas la que van desde Lacan hasta Žižek) y no menos trabajos sobre el contenido religioso del capitalismo, pero no sucede lo mismo respecto a una sociología de los cuerpos y las emociones. Incluso en los denominados subcampos disciplinares, como la sociología del cuerpo y la sociología de las emociones, pueden encontrarse algunas pocas menciones o desarrollos parciales como los de Hoschild (2003),[9] asociados a su idea de "trabajo emocional", o alguna indicación menor como la realizada por Illouz,[10] en pos de su planteamiento de "capitalismo emocional", o, en presentaciones "marginales", introduciendo la relación entre Economía Política y emociones, como en el caso de Kemper[11] o, subrayando algunos señalamientos sobre emociones puntuales, como en el caso de Scheff,[12] en su reflexión sobre la impotencia y la indignación.

Es en el contexto de esta ausencia que escribimos el presente trabajo persuadidos de la importancia y centralidad de reparar en Marx como fundamento de una sociología de los cuerpos y las emociones.

3. *Una sociología de los cuerpos y las emociones en los Manuscritos del 44*

La estrategia de presentación de nuestro segundo nodo argumentativo ha sido, en una primera aproximación, sistematizar algunos de los rasgos centrales que se encuentran en el texto usando el recurso de las notas al pie como "garantías" hermenéuticas; a continuación, en una segunda aproximación, se transcriben párrafos (alguno con una extensión no menor) de los manuscritos para hacer visible lo evidente de los trazos para una sociología de los cuerpos y las emociones que en ello hay.

3.1 *Primera aproximación: ejes transversales*

Existe en los escritos de Marx en general y en especial en los Manuscritos una especial trama entre corporalidad, emocionalidad y sensaciones. Dicha trama se hilvana desde tres ejes transversales que el autor usa, una y otra vez, a lo largo de toda su obra: las conexiones entre necesidades,[13] prácticas y sentidos; las relaciones entre actividad humana, sentidos y expropiación; y la articulación entre moral, economía política y sensibilidades.

Respecto al primer eje, el cuerpo humano (que no puede ser entendido sino como cuerpos humanos en *plural* dada la co-constitución ontológica de los seres humanos) es portador y creador de una estructura helicoidal en la cual se instancian sus características fisiológicas, la historia individual/social de su desarrollo y la distancias/

proximidades entre necesidades/demandas/deseos.[14] En esta dirección lo biológico de los cuerpos es el resultado de un conjunto de heredades (filogenética y ontogenéticamente constituidas) moldeadas por la "humanización" de los sentidos, entendiendo, por tal proceso, los resultados de las praxis (haceres, saberes y sentires) que configuran lo social. La ausencia/presencia de nutrientes, básicos para la producción y reproducción de los cuerpos, se entrelaza, en su misma superación en cuanto necesidad, con la dialéctica entre objetos en disposición para sujetos que le darán su carácter de sentidos humanos rompiendo la mera abstracción que subyace en la conexión carencia/satisfactor.[15] Es, en este tramo del recorrido mobesiano entre cuerpos y sensibilidades, que los sentidos (olfato, gusto, tacto, visión y escucha)[16] son prácticas de apropiación y reapropiación del mundo objetual/natural,[17] individual y social. Queda por esta vía planteado un esquema conceptual para las relaciones entre impresiones, percepciones[18] y sentidos que abona un enfoque materialista de las emociones, sobre el cual volveremos más adelante.

En relación con el segundo eje, es posible comprender cómo Marx entrelaza la historia de los sentidos con la actividad humana que el capitalismo transforma en (y con) los procesos de luchas/conquistas que emergen de la expropiación de la vida.[19] El recorrido por el cual la actividad humana se transforma y transforma el "entorno" como un mundo para sí y para las futuras generaciones, haciéndose parte de la naturaleza y hominizando la misma, se transforma, en el capitalismo, en la historia de expropiaciones.[20] Es decir, de obturaciones, cada vez más explícitas, al flujo de vida que literalmente se encarnan en los sentidos como prácticas. La expropiación involucra un hacer cuerpo las sistemáticas negaciones de vida que se transforman en la base de un sistema orientado a la muerte. La expropiación de energías es la primera manifestación de un hacer-al-hombre a imagen y semejanza del capital, entendido como trabajo acumulado: como actividad sensible de la cual se le enajena al hombre todo aquello que supere la mínima reproducción vital.[21] La expropiación de energías es la base de una regulación sistemática de las sensaciones: la vida es pura disciplina fabril hecha carne. La expropiación de energía "atrapa" los sentidos configurando sensibilidades al romper lo que hay de apropiación en la relación con el mundo que los hombres ejercemos cotidianamente. Estas redes entre actividad, sentidos y expropiación dan lugar a una lectura de las sensibilidades sociales atadas a un proceso histórico de larga duración que toma *forma* en las múltiples maneras de vivir la contingencia y la incertidumbre que los hombres tenemos, en el contexto del largo proceso de apropiación unilateral y diferencial de nuestras capacidades.[22]

En conexión con el tercer eje la lectura de los escritos de Marx que proponemos, da lugar a una hermenéutica crítica sobre la constitución de fantasmas y fantasías sociales como operatorias sociales sobre goce, disfrute y pasión en tanto estructuradores de la soportabilidad del orden y quiebre del mismo.[23] Da lugar para una sociología de los cuerpos y las emociones que tengan en la economía política de la moral, un objeto analítico privilegiado desde el cual puedan ser comprendidos los flujos de aceptación, naturalización e in-corporación de lo real como un "siempre-ahí" del cual se pretende huir pero nunca se evade.[24] El disfrute, como condición de posibilidad de los sentidos humanos, deviene juego instantáneo, permanente y continuo de una vida construida en los vértices que aúna, en el *tener* al otro, como sustrato de mi goce.[25] La dialéctica moral entre ascetismo, renuncia y abstención, y lujo, derroche y desenfreno, es la norma elemental que hace, del ahorro y del consumo, la vida misma del capitalismo. El lugar de los placeres, como mercancía y como motor de la mercantilización de la vida en tanto prácticas (ahorro/consumo) que cobran el estatus de normas morales cuyo significado es elaborar "categorías" de percepción, es *locus* que nos re-envía al primer eje que hemos analizado aquí. Así entendidos, cuerpos, emociones y sociedad no son más que bandas abiertas y transparentes por donde pasa la pornografía de la economía política.[26]

Si volvemos sobre la interrelación entre estos tres ejes, se recorre, nuevamente, un camino marcado por diversos mojones conducentes a unas bases certeras para una sociología de las emociones y los cuerpos. Para aproximarnos, aún más, a los aludidos mojones, y poder reconstruir las mencionadas bases presentamos, ahora, un conjunto de comentarios a pasajes de los Manuscritos que nos facilitan dicha tarea.

3.2   *Textos fundacionales de una sociología de los cuerpos y las emociones*

> El que el hombre sea un ser corpóreo con fuerzas naturales, vivo, real, sensible, objetivo, significa que tiene como objeto de su ser, de su exteriorización vital, objetos reales, sensibles, o que sólo en objetos reales sensibles, puede exteriorizar su vida. Ser objetivo natural sensible, es lo mismo que tener fuera de sí objeto, naturaleza, sentido, o que ser para un tercero objeto; naturaleza, sentido.
>
> Marx, *Manuscritos* 194

Para Marx, las sensaciones son "afirmaciones ontológicas", es decir, los hombres nos constituimos enhebrados por ellas en tantos seres humanos. Para Marx, los seres humanos somos un momento de superación de la "naturaleza" en cuanto podemos reconstruir la relación entre necesidad y existencia, somos seres vivientes en tanto sintientes. Hay una conexión directa entre sensaciones, existencia y vida como afirmación particular del sujeto. La sociedad produce los sentidos y los sentidos producen la sociedad. Las sensaciones son un conjunto de prácticas que actualizan las disposiciones de lo humano. El/los objeto/s es tal en tanto actualiza, instancia y "hace presente" la vinculación entre sensaciones, necesidades y existencia. Existimos pues somos fabricadores de objetos en tanto metas de las necesidades y procesos de apropiación de lo real. Los objetos de sus impulsos existen "fuera" del hombre, anudando, Marx aquí, impulsos/objetos/sensibilidad como mojones de la existencia. Es en este marco que puede entenderse cómo lo sensible es lo real de lo humano, lo real es lo apasionado, en tanto tendencia y energía.

En su "definición de hombre", Marx incluye, con carácter constitutivo, al goce de la existencia social, hay en su mirada, una conexión directa entre naturalismo y goce, y también del "puesto" de éste último en tanto estructurador de lo real humano en la praxis. Es así que se conectan directamente sociabilidad y goce. Goce de los objetos por la sensibilidad humana poniendo en juego las pasiones como energías en movimiento hacia la elaboración de las sociedades. La *pasión* es fuente de la actividad y explosión de energía en los hombres.

La actividad, como autoafirmación del hombre, conecta pasión y apropiación de lo "natural" e intersubjetividad con la co-presencia corporal en lo social. La sensibilidad transforma al hombre en humano, en tanto proceso afirmativo del contenido humano de los objetos que hace para sí, en tanto especificidad exterior y actuante. La "consciencia" (saber, hacer, sentir) del hombre toma como punto de partida y "pretende" ser vida vivida en tanto realidad objetiva. Si el ser social determina la consciencia hay una conexión esencial entre ésta y las formas de sensibilidad que construye el hombre.

En este recorrido se comprende que: el otro, como medio de mi goce, me conecta con la fuerza generadora del Otro como instalador del Goce. Es, en este contexto, que aparece el goce como existencia afirmativa de los objetos en tanto mediadores de las humanas sensaciones.

Es por ello que, la mistificación del capital, se vincula con la fuerza del dinero en re-emplazar las cualidades ontológicas de los hombres. Lo que el corazón ansía está inoculado en el *uso* del otro como medio/instrumento de mi goce a través de los objetos y el Objeto que puede metamorfosearse en todos los objetos: el dinero.

Disfrute inmediato conectado con el tener como mistificación del goce genérico en tanto hombre. Las distancias y proximidades disfrute/abstinencia se concretan en lo social por las actualizaciones de las relaciones entre consumo, fantasías y regulación de las sensaciones. Aparece así la regulación de las necesidades y de los "goces" como raíz de los dispositivos de regulación de las sensaciones. Los sentidos y las necesidades quedan anuladas, prohibidas e inhibidas en las paradojas de la moral de la economía política. Emergen así, en la estructuración capitalista, las necesidades animales y sentidos animalescos en tanto par solidario y constitutivo del refinamiento de las necesidades donde conviven el hambre y el banquete burgués.

Hay una economía política de la moral en tanto ella misma es una moral paradojal entre el ahorro ascético y el despilfarro como estructura de una vida enajenada.

El capital es un régimen de fantasías y fantasmas sobre las propias capacidades de los hombres de poner en acto los sentidos. Los mecanismos de soportabilidad social son un eje central de la estructuración del capital. Y, en este contexto, aparecen los fantasmas y fantasías sociales como parte del reino pulcro de la economía política en su prácticas expropiadoras y expulsivas.

Es en este sentido que la crítica a la economía política es a la vez una crítica al fetichismo y a la alienación y una epistemología de unas ciencias aunadas en el análisis de la estructuración y regulación de las sensibilidades.

Dadas las conexiones entre sensibilidades y humanidad, toda ciencia "comienza" en la hermenéutica de la historia de los sentidos. El naturalismo es la base de toda dialéctica de lo real en tanto es el fundamento de la humanización de las múltiples determinaciones de lo concreto. La intersubjetividad es la condición de posibilidad de toda sensibilidad y de la naturaleza sensible del pensar y del lenguaje. Para una ciencia con intenciones críticas, pensamiento y lenguaje, en tanto prácticas, se constituyen por el paso de los sentidos a las sensibilidades.

Para hacer visible esta breves esquematización introducimos ahora un conjunto de fragmentos ordenados de la siguiente manera: a) visión del hombre y la humanidad: sentidos, individualidad y colectividad, b) lugar de las "cualidades antropológicas" en la estructuración social, c) disfrute, goce y pasión, y d) centralidad de las sensaciones como nodo para entender el mundo.

3.2.a. Visión del hombre y la humanidad: sentidos, individualidad y colectividad

1) "La producción práctica de un mundo objetivo, la elaboración de la naturaleza inorgánica es la afirmación del hombre como un ser genérico consciente, es decir, la afirmación de un ser que se relaciona con el género como con su propia esencia o que se relaciona consigo mismo *como ser genérico*. Es cierto que también el animal produce. Se construye un nido, viviendas, como las abejas, los castores, las hormigas, etc. Pero produce únicamente lo que necesita inmediatamente para sí o para su prole; produce unilateralmente, mientras que *el hombre produce universalmente*; produce únicamente por mandato de la necesidad física inmediata, *mientras que el hombre produce incluso libre de la necesidad física y sólo produce realmente liberado de ella*; el animal se produce sólo a sí mismo, mientras que el hombre reproduce la naturaleza entera; el producto del animal pertenece inmediatamente a su cuerpo físico, mientras que el hombre se enfrenta libremente a su producto. El animal forma únicamente según la necesidad y la medida de la especie a la que pertenece, mientras que el hombre sabe producir según la medida de cualquier especie y sabe siempre imponer al objeto la medida que le es inherente; *por ello el hombre crea también según las leyes de la belleza*" (Marx. *Manuscritos* 112, énfasis nuestro).

2) "El hombre es inmediatamente ser natural. Como ser natural, y como ser natural vivo, está, de una parte dotado de fuerzas naturales, de fuerzas vitales, es un ser natural activo; estas fuerzas existen en él como talentos y capacidades, como impulsos; de otra parte, como ser natural, corpóreo, sensible, objetivo es, como el animal y la planta, un ser paciente, condicionado y limitado; esto es, los objetos de sus impulsos existen fuera de él, en cuanto objetos independientes de él, pero estos objetos son objetos de su necesidad, indispensables y esenciales para el ejercicio y afirmación de sus fuerzas esenciales" (Marx. *Manuscritos* 194).

3) "El hombre así, por más que sea un individuo particular (y justamente es su particularidad la que hace de él un individuo y un ser social individual real), es, en la misma medida, la totalidad, la totalidad ideal, *la existencia subjetiva de la sociedad pensada y sentida para sí, del mismo modo que también en la realidad existe como intuición y goce de la existencia social* y como una totalidad de exteriorización vital humana" (Marx. *Manuscritos* 147, énfasis nuestro).

4) "Así como la sociedad en formación encuentra a través del movimiento de la propiedad privada, de su riqueza y su miseria —o de su riqueza y su miseria espiritual y material— todo el material para esta formación, así la sociedad constituida produce, como su realidad durable, al hombre en esta plena riqueza de su ser, al hombre rica y *profundamente dotado de todos los sentidos*" (Marx. *Manuscritos* 151, énfasis nuestro).

5) "(XLI) Si las sensaciones, pasiones, etc., del hombre son no sólo determinaciones antropológicas en sentido estricto, sino verdaderamente afirmaciones ontológicas del ser (naturaleza) y si sólo se afirman realmente por el hecho de que su objeto es sensible para ellas, entonces es claro:

a) *"Que el modo de su afirmación no es en absoluto uno y el mismo, sino que, más bien, el diverso modo de la afirmación constituye la peculiaridad de su existencia, de su vida; el modo en que el objeto es para ellas el modo peculiar de su goce. b) Allí en donde la afirmación sensible es supresión directa del objeto en su forma independiente (comer, beber, elaborar el objeto, etc.), es ésta la afirmación del objeto. c) En cuanto el hombre es humano, en cuanto es humana su sensación, etc., la afirmación del objeto por otro es igualmente su propio goce. d) Sólo mediante la industria desarrollada, esto es por la mediación de la propiedad privada, se constituye la esencia ontológica de la pasión humana, tanto en su totalidad como en su humanidad; la misma ciencia del hombre es, pues, un producto de la autoafirmación práctica del hombre. e) El sentido de la propiedad privada —desembarazada de su enajenación— es la existencia de los objetos esenciales para el hombre, tanto como objeto de goce cuanto como objeto de actividad"* (Marx. *Manuscritos* 176).

3.2.b. Lugar de las "cualidades antropológicas" en la estructuración social

6) "En lugar de todos los sentidos físicos y espirituales ha aparecido así la simple enajenación de todos estos sentidos, el sentido del tener. El ser humano tenía que ser reducido a esta absoluta pobreza para que pudiera alumbrar su riqueza interior (sobre la categoría del tener, véase Hess, en los Einnundzwanzig Bogen)" (Marx. *Manuscritos* 148).

7) "Pero la Economía Política sólo conoce al obrero en cuanto animal de trabajo, como una bestia reducida a las más estrictas necesidades vitales. Para cultivarse espiritualmente con mayor libertad, un pueblo necesita estar exento de la esclavitud de sus propias necesidades corporales, no ser ya siervo del cuerpo. Se necesita, pues, que ante todo le quede tiempo para poder crear y gozar espiritualmente. Los progresos en el organismo del trabajo ganan este tiempo" (Marx. *Manuscritos* 61).

8) "La vida genérica, tanto en el hombre como en el animal, consiste físicamente, en primer lugar, en que el hombre (como el animal) vive de la naturaleza inorgánica, y cuanto más universal es el hombre que el animal, tanto más universal es el ámbito de la naturaleza inorgánica de la que vive. Así como las plantas, los animales, las piedras, el aire, la luz, etc., constituyen teóricamente una parte de la conciencia humana, en parte como objetos de la ciencia natural, en parte como objetos del arte (su naturaleza inorgánica espiritual, los medios de subsistencia espiritual que él ha de preparar para el goce y asimilación), así también constituyen prácticamente una parte de la vida y de la actividad humano.

Físicamente el hombre vive sólo de estos productos naturales, aparezcan en forma de alimentación, calefacción, vestido, vivienda, etc. La universalidad del hombre aparece en la práctica justamente en la universalidad que hace de la naturaleza toda su cuerpo inorgánico, tanto por ser (l) un medio de subsistencia inmediato, como por ser (2) la materia, el objeto y el instrumento de su actividad vital. La naturaleza es el cuerpo inorgánico del hombre; la naturaleza, en cuanto ella misma, no es cuerpo humano. Que el hombre vive de la naturaleza quiere decir que la naturaleza es su cuerpo, con el cual ha de mantenerse en proceso continuo para no morir. Que la vida física y espiritual del hombre está ligada con la naturaleza no tiene otro sentido que el de que la naturaleza está ligada consigo misma, pues el hombre es una parte de la naturaleza" (Marx. *Manuscritos* 110-111).

9) "El carácter social es, pues, el carácter general de todo el movimiento; así como es la sociedad misma la que produce al hombre en cuanto hombre, así también es producida por él. La actividad y el goce son también sociales, tanto en su modo de existencia como en su contenido; actividad social y goce social. La esencia humana

de la naturaleza no existe más que para el hombre social, pues sólo así existe para él como vínculo con el hombre como existencia suya para el otro y existencia del otro para él, como elemento vital de la realidad humana; sólo así existe como fundamento de su propia existencia humana.

Sólo entonces se convierte para él su existencia natural en su existencia humana, la naturaleza en hombre. La sociedad es, pues, la plena unidad esencial del hombre con la naturaleza, la verdadera resurrección de la naturaleza, el naturalismo realizado del hombre y el realizado humanismo de la naturaleza" (Marx. *Manuscritos* 145).

10) "La superación de la propiedad privada es, por ello, la emancipación plena de todos los sentidos y cualidades humanos; pero ésta es emancipación, precisamente, porque todos estos sentidos y cualidades se han hecho humanos, tanto en sentido objetivo como subjetivo. El ojo se ha hecho un ojo humano, así como su objeto se ha hecho un objeto social, humano, creado por el hombre para el hombre. Los sentidos se han hecho así inmediatamente teóricos en su práctica. Se relacionan con la cosa por amor de la cosa, pero la cosa misma es una relación humana objetiva para sí y para el hombre y viceversa. Necesidad y goce han perdido con ello su naturaleza egoísta y la naturaleza ha perdido su pura utilidad, al convertirse la utilidad en utilidad humana.

Igualmente, los sentidos y el goce de los otros hombres se han convertido en mi propia apropiación. Además de estos órganos inmediatos se constituyen así órganos sociales, en la forma de la sociedad; así, por ejemplo, la actividad inmediatamente en sociedad con otros, etc., se convierte en un órgano de mi manifestación vital y en modo de apropiación de la vida humana" (Marx. *Manuscritos* 148).

3.2.c. *Disfrute, Goce y Pasión*

11) "El hombre como ser objetivo sensible es por eso un ser paciente, y por ser un ser que siente su pasión un ser apasionado. *La pasión es la fuerza esencial del hombre que tiende enérgicamente hacia su objeto*" (Marx. *Manuscritos* 195, énfasis nuestro)

12) "(VI) La actividad social y el goce social no existen, ni mucho menos, en la forma única de una actividad inmediatamente comunitaria y de un goce inmediatamente comunitario, aunque la actividad comunitaria y el goce comunitario es decir, la actividad y el goce que se exteriorizan y afirman inmediatamente en real sociedad con otros hombres, se realizarán dondequiera que aquella expresión inmediata de la sociabilidad se funda en la esencia de su ser y se adecúe a su naturaleza". (Marx. *Manuscritos* 145)

13) "De otro modo, y subjetivamente considerado, así como sólo la música despierta el sentido musical del hombre, así como la más bella música no tiene sentido alguno para el oído no musical, no es objeto, porque mi objeto sólo puede ser la afirmación de una de mis fuerzas esenciales, es decir, sólo es para mí en la medida en que mi fuerza es para él como capacidad subjetiva, porque el sentido del objeto para mí (solamente tiene un sentido a él correspondiente) llega justamente hasta donde llega mi sentido, así también son los sentidos del hombre social distintos de los del no social. Sólo a través de la riqueza objetivamente desarrollada del ser humano es, en parte cultivada, en parte creada, la riqueza de la sensibilidad humana subjetiva, un oído musical, un ojo para la belleza de la forma. En resumen, sólo así se cultivan o se crean sentidos capaces de goces humanos, sentidos que se afirman como fuerzas esenciales humanas. Pues no sólo los cinco sentidos, sino también los llamados sentidos espirituales, los sentidos prácticos (voluntad, amor, etc.), en una palabra, el sentido humano, la humanidad de los sentidos, se constituyen únicamente mediante la existencia de su objeto, mediante la naturaleza humanizada. La formación de los cinco sentidos es un trabajo de toda la historia universal hasta nuestros días. El sentido que es presa de la grosera necesidad práctica tiene sólo un sentido limitado. Para el hombre que muere de hambre no existe la forma humana de la comida, sino únicamente su existencia abstracta de comida; ésta bien podría presentarse en su forma más grosera, y sería imposible decir entonces en qué se distingue esta actividad para alimentarse de la actividad animal para alimentarse. El hombre necesitado, cargado de preocupaciones, no tiene sentido para el más bello espectáculo" (Marx. *Manuscritos* 149-150).

14) "Se ve cómo en lugar de la riqueza y la miseria de la Economía Política aparece el hombre rico y la rica necesidad humana. El hombre rico es, al mismo tiempo, el hombre necesitado de una totalidad de exteriorización vital humana. El hombre en el que su propia realización existe como necesidad interna, como urgencia. No sólo la riqueza, también la pobreza del hombre, recibe igualmente en una perspectiva socialista un significado humano y, por eso, social. La pobreza es el vínculo pasivo que hace sentir al hombre como necesidad la mayor riqueza, el otro hombre. *La dominación en mí del ser objetivo, la explosión sensible de mi actividad esencial, es la pasión que, con ello, se convierte aquí en la actividad de mi ser*" (Marx. *Manuscritos* 153-154, énfasis nuestro).

3.2.d. Centralidad de las sensaciones como nodo para entender el mundo

15) "Se ve, pues, cómo solamente en el estado social subjetivismo y objetivismo, espiritualismo y materialismo, actividad y pasividad, dejan de ser contrarios y pierden con ello su existencia como tales contrarios; se ve cómo la solución de las mismas oposiciones teóricas sólo es posible de modo práctico, sólo es posible mediante la

energía práctica del hombre y que, por ello, esta solución no es, en modo alguno, tarea exclusiva del conocimiento, sino una verdadera tarea vital que la Filosofía no pudo resolver precisamente porque la entendía únicamente como tarea teórica" (Marx. *Manuscritos* 151).

16) "La sensibilidad (véase Feuerbach) debe ser la base de toda ciencia. Sólo cuando parte de ella, en la doble forma de conciencia sensible y de necesidad sensible, es decir, sólo cuando parte de la naturaleza, es la ciencia verdadera ciencia. La Historia toda es la historia preparatoria de la conversión del «hombre» en objeto de la conciencia sensible y de la necesidad del «hombre en cuanto hombre» en necesidad. La Historia misma es una parte real de la Historia Natural, de la conversión de la naturaleza en hombre. Algún día la Ciencia natural se incorporará la Ciencia del hombre, del mismo modo que la Ciencia del hombre se incorporará la Ciencia natural; habrá una sola Ciencia" (Marx. *Manuscritos* 152)

17) "(X) El hombre es el objeto inmediato de la Ciencia natural pues la naturaleza sensible inmediata para el hombre es inmediatamente la sensibilidad humana (una expresión idéntica) en la forma del otro hombre sensiblemente presente para él; pues su propia sensibilidad sólo; a través del otro existe para él como sensibilidad humana. Pero la naturaleza es el objeto inmediato de la Ciencia del hombre. El primer objeto del hombre —el hombre— es naturaleza, sensibilidad, y las especiales fuerzas esenciales sensibles del ser humano sólo en la Ciencia del mundo natural pueden encontrar su autoconocimiento, del mismo modo que sólo en los objetos naturales pueden encontrar su realización objetiva. El elemento del pensar mismo, el elemento de la exteriorización vital del pensamiento, el lenguaje, es naturaleza sensible. La realidad social de la naturaleza y la Ciencia natural humana o Ciencia natural del hombre son expresiones idénticas" (Marx. *Manuscritos* 153).

Queda claro que, desde la misma visión de sujeto, individualidad y sensibilidad que encontramos en los Manuscritos, es posible identificar los rasgos básicos para reconstruir la mirada de Marx sobre las interrelaciones entre cuerpos, emociones y sociedad. Para hacer aún más visible, esto, retomamos en las conclusiones lo elaborado hasta aquí.

4. *Un final para comenzar nuevamente*

Como hemos sostenido desde el comienzo de este trabajo, nuestra intención central ha sido hacer evidente la posibilidad de elaborar una sociología de los cuerpos y las emociones desde las ideas de Marx. A modo de conclusión, ofrecemos tres aproximaciones a lo escrito arriba que, según nuestro criterio, dan las garantías argumentativas suficientes para mantener nuestra propuesta inicial.

Una primera aproximación la encontramos en los componentes conceptuales que hemos hallado en los Manuscritos, que pueden sintetizarse de la siguiente manera:

Hay una idea de cuerpos y cómo se elaboran éstos y a la vez la percepción de dichos cuerpos. En consonancia se argumenta la conexión entre sentidos, cuerpos y sociabilidad apelando a la historia social de sus entramados y distanciamientos. Se señala cómo es la conexión entre sentidos y sociabilidades en la relación entre goces, configuración de objetos y corporalidades. Se establece la dialéctica de co-constitución entre lo biológico/fisiológico y lo social/humano dando una respuesta naturalista/dialéctica a la pregunta por lo originario/constituido de las sensaciones. Se imputa carácter de nodo fundamental para la estructuración capitalista a las tensiones entre cuerpo expropiado/enajenado, sentidos potenciados/"atrofiados" y sensibilidades. En relación con lo anterior, se describen las conexiones entre conocimiento humano, sensibilidad y práctica social, seguido esto por una esquematización de los rasgos centrales de la existencia de una economía política de la moral. Se postula al goce humano como centro de la actividad de humanización del mundo aludiendo a la pasión como movimiento básico involucrado en la misma. Se analizan los procesos de denegación y destitución de las sensibilidades como eje de los procesos de des-humanización. Se sostiene una mirada indeterminista y contingente sobre las manifestaciones e instanciaciones de cuerpos y emociones en el devenir histórico. Se postulan el carácter cognitivo-afectivo de la interrelación de los individuos y la configuración de los social/individual y lo individual/social.

Es decir, como sosteníamos arriba, Marx, en los Manuscritos, nos brinda respuesta sistemática a: 1) sobre cuáles son las relaciones entre sensaciones y cuerpos, 2) el carácter de natural/construido que tienen los "fenómenos" emocionales, 3) el análisis de las conexiones entre cuerpos, emociones y estructuración de la sociedad, y 4) identifica cuáles son los resultados de las conexiones aludidas, en términos de señalar las emociones "prevalentes" en una sociedad determinada.

Una segunda aproximación que puede ser tenida en cuenta para sostener la existencia de huellas claras para elaborar una sociología de los cuerpos y las emociones es la existencia, en los Manuscritos, de conceptualizaciones y/o aproximaciones teóricas respecto a los conceptos/temas básicos involucrados en tal sociología.

a) Sentidos, sensaciones y sensibilidades.

Existe en los textos analizados una conceptualización de emoción basada en los sentidos entendiendo a la primera como aquello que se relaciona con las ideas de fuerza, impulso, energía y movimiento. Como sostiene Ahem:

> La palabra "emoción" viene del Latín, *emovere, refiriendo a 'moverse, alejarse'*. En tal sentido las emociones son aquello que nos mueve. Pero las emociones refieren también al apego, a lo que nos conecta con esto o aquello. La relación entre movimiento y apego es instructiva. Lo que nos mueve, lo que nos hace sentir, es también lo que

nos mantiene en un lugar, o nos da una morada. *La emoción puede funcionar como un "apego contingente"* con el mundo (ver Sartre, 1996:133, énfasis mío). La palabra *'contingencia' tiene la misma raíz en Latín que la palabra 'contacto' (Latín: contingere: com-, con: tangere, tocar)*. La contingencia está ligada a la proximidad, a acercarse lo suficiente como para tocar al otro y ser movido por otro. Así, lo que nos apega, lo que nos conecta con este o aquel lugar, o a este o a ese otro de tal manera que no podamos permanecer lejos de este otro, es también lo que nos mueve, o lo que nos afecta tanto que no estamos ya en el mismo *lugar*. (Ahmed 23, énfasis nuestro)[27]

Justamente son las cualidades de fuerza en movimiento y de potencialidad de aproximación en situación co-presencia las que Marx dota a las sensibilidades humanas en tanto emociones.

> Un ser que no es objeto de otro ser supone, pues, que no existe ningún ser objetivo. Tan pronto como yo tengo un objeto, este objeto me tiene a mí como objeto. Pero un ser no objetivo es un ser irracional, no sensible, sólo pensado, es decir, sólo imaginado, un ente de abstracción. Ser sensible, es decir, ser real, es ser objeto de los sentidos, ser objeto sensible , en consecuencia, tener objetos sensibles fuera de sí, tener objetos de su sensibilidad. Ser sensible es ser paciente. (Marx, *Manuscritos* 195)

b) Materialidad del cuerpo y cuerpo de la sensibilidad

Como hemos visto, para Marx no existe la dicotomía cuerpo/emoción ni tampoco la disyuntiva pensar/ser y con esto no sólo se aproxima a la lógica de lo que hoy denominamos *embodiment,* o in-coporación o sociedad hecha cuerpo; sino que, establece a la conjunción/separación entre cuerpos/sentidos/sociabilidades, como base de su explicación de la subjetividad.

> Cuando el hombre real, corpóreo, en pie sobre la tierra firme y aspirando y exhalando todas las fuerzas naturales, pone sus fuerzas esenciales reales y objetivas como objetos extraños mediante su enajenación, el acto de poner no es el sujeto; es la subjetividad de fuerzas esenciales objetivas cuya acción, por ello, ha de ser también objetiva. El ser objetivo actúa objetivamente y no actuaría objetivamente si lo objetivo no estuviese implícito en su determinación esencial. Sólo crea, sólo pone objetos porque él [el ser objetivo] está puesto por objetos, porque es de por sí naturaleza. En el acto del poner no cae, pues, de su «actividad pura» en una creación del objeto, sino que su producto objetivo confirma simplemente su objetiva actividad, su actividad como actividad de un ser natural y objetivo. (Marx, *Manuscritos* 191)

El sujeto es un ser corpóreo en tanto resultado de la historia de construcción de la sociabilidad como desarrollo de los sentidos y goce humanos.

c) Pasión/Goce e Impotencia/Dolor

La estructura paradojal de la economía política de la moral, en tanto prácticas que se elevan a categorías de imperativos de la interacción de los hombres, es elaborada pero también (y fundamentalmente) rupturada por la pasión como emoción básica y *locus* de batalla de la expropiación capitalista.

A esta pasión se le "opone" la impotencia. Como hemos sostenido arriba, ha sido Scheff quien ha reconocido que:

> En este trabajo temprano, Marx hizo referencias casuales, pero brillantes sobre las emociones. Por ejemplo, nombró las emociones que acompañan la alienación (desconexión): sentimientos de "impotencia" (vergüenza) e "indignación" (ira) (Tucker 1978, pp.133-134). En una carta a Ruge, en 1843, sobre el nacionalismo alemán, escribió: "…si una nación entera fuera a sentirse avergonzada sería como un león retrocediendo para saltar". Esta última declaración, particularmente, resultó ser profética del destino de Francia, y luego del de Alemania en el período 1871-1945 (Scheff 1994). (Scheff, "Social-Emotional World: Mapping a Continent" 350)[28]

Ahora bien, como ya señalamos, para Marx "la pasión es la fuerza esencial del hombre que tiende enérgicamente hacia su objeto" (Marx, *Manuscritos* 192) y es ésta la que limita y es "vencida" en la enajenación:

> Esta relación es la relación del trabajador con su propia actividad, como con una actividad extraña, que no le pertenece, la acción como pasión, la fuerza como impotencia, la generación como castración, la propia energía física y espiritual del trabajador, su vida personal (pues qué es la vida sino actividad) como una actividad que no le pertenece, independiente de él, dirigida contra él. La enajenación respecto de sí mismo como, en el primer caso, la enajenación respecto de la cosa. (Marx, *Manuscritos* 110)

Para Marx, los sentidos (y los "sentidos espirituales"), su origen y desarrollo (y/o "disminución") en tanto capacidades y disposicionalidades de los sujetos inscriptos en las modificaciones históricas (de dichos sentidos) y de las sensibilidades humanas, entendidas como el fruto del goce como actividad frente a las necesidades de los mismos, en tanto seres corpóreos y "movidos" por la pasión, como energía fundamental, constituyen una clave para entender el entero edificio de la economía política de la moral y, con ello, a la sociedad. Es decir, una clave para comprender de qué manera se conectan cuerpos, emociones y sociedad.

Una tercera aproximación posible, para dar cuenta de la pertinencia de las ideas de Marx, en relación con el objetivo de este trabajo, es la potencialidad de su mirada para operar una ruptura epistémica con las presentaciones aporéticas de la sociología de los cuerpos y las emociones, en la actualidad. Es decir, en los Manuscritos del 44 y en el resto de su obra es posible encontrar argumentos a favor de un análisis de las conexiones entre cuerpos, emociones y sociedad, que destituyen algunos de los ejes centrales de los diferentes modelos/enfoques de la "disciplina", en cuanto miradas irreconciliables.

Según Hochschild,[29] en el último siglo han aparecido dos grandes modelos para estudiar las emociones: el orgánico (Darwin, James, Freud) y el interaccional (Dewey, Mills, Goffman). El primero, caracteriza las emociones básicamente como un proceso biológico y, el segundo, como un proceso de "gestión" y creación entre los sujetos.

Kemper, en un sentido similar y abogando por romper las dicotomías planteadas, ha sostenido que: "En general, los construccionistas sociales sostienen que hay una gran plasticidad en las emociones humanas porque las emociones están ampliamente desconectadas de la biología"[30] y que "El enfoque positivista, por otro lado, mantiene un vínculo importante con la biología y los concomitantes fisiológicos de las emociones"[31] ("Social Constructionist and Positivist Approaches to the Sociology of Emotions Source" 337).

A fin de poder identificar los aportes de Marx en este campo, hemos elaborado[32] cinco modelos/enfoques:

a) Macro o Micro: La dicotomía consiste en privilegiar lo individual/subjetivo o lo colectivo/social como "espacio" y fuente de las emociones.

b) Gestión o "Significancia": Las diferencias se establecen en entender las emociones como procesos "vivenciales" gestionados por los sujetos o procesos que marcan/significan las vivencias de los sujetos.

c) Construida o Biológica: Unos enfatizan el carácter fisiológico/orgánico de las emociones (y los cuerpos) y otros el que sean resultado de procesos de construcción por parte de los individuos.

d) Emociones Básicas o Emociones "como evaluaciones": La distancia se establece porque unos subrayan la existencia de emociones (ligadas a reacciones corporales) fundamentales (ira, miedo, alegría) o entienden que las mismas son producto de unas apreciaciones que lo sujetos hacen de su entorno.

e) Construccionista Social o Interaccionista Social: Los interaccionistas sostienen que las emociones "pasan" en los procesos de inter-relación entre los sujetos y los construccionistas sostiene que las emociones tienen un alto contenido cognitivo y son "elaboradas" socialmente por los individuos

En la Tabla precedente puede observarse, claramente, cómo, las ideas de Marx, que hemos presentado aquí, no sólo constituyen un conjunto de huellas más que claras para la elaboración de una sociología de los cuerpos y las emociones, sino que, también, se erigen como un aporte epistémico para dicha construcción.

Como hemos ya insinuado, no sólo esto se da en los *Manuscritos*, sino, también, en su *Tesis Doctoral* donde se exploran las conexiones entre cuerpos, sensaciones, constitución de lo real y percepción del mundo y del tiempo; en *El Capital* donde se elabora una de las aproximaciones más "productivas" sobre el fetichismo y en los *Grundisse* donde se "completa" su teoría de la alienación.

Modelos / Enfoques	Visión de Marx en los *Manuscritos*	Nº de Párrafo citado en este trabajo†
Macro o Micro	La definición de los sentidos, como partiendo de la existencia humana y regulados por la economía política de la moral, disuelve el par individuo/sociedad como aporía.	15; 13, 1, 3, 4, 5
Gestión o "Significancia"	Las conexiones entre tener al otro como objeto de goce y los reemplazos de potencialidades materiales/sensibles, en y a través del dinero, son una clara indicación de ruptura con este par.	14; 13, 12, 10, 2, 5, 8, 9
Construida o Biológica	El hecho que se declare que, la formación de los cinco sentidos es el resultado del entero proceso histórico, deconstruye la situación aporética entre construcción social y fisiología como explicación de las sensaciones y emociones.	16, 11, 9, 2, 3, 5, 8, 9, 7
Emociones Básicas o Emociones "como evaluaciones"	La afirmación sobre las relaciones entre los objetos, necesidades y sentidos humanos destituye de valor a esta "pareja epistemológica"	14, 12, 11, 9, 2, 3, 5, 6, 7
Construccionista Social o Interaccionista Social	Los análisis sobre la constitución de la economía política de la moral, en tanto prácticas "vinculares" de expropiación devenidas en imperativos morales, rompen el valor de aporía de estas visiones.	17, 10, 9,1, 4, 5, 6

† La adjudicación aquí realizada es un ejercicio analítico cuya sola pretensión es fundamentar la interpretación realizada, pero, seguramente, puede construirse otro ordenamiento de las conexiones entre frases y modelos/enfoques.

Tabla 1 — Ruptura operada, desde Marx, respecto a los criterios de clasificación actuantes de los enfoques contemporáneos. Fuente: elaboración propia.

Pero además, los textos analizados y el conjunto de la obra de Marx brindan un argumento más para entender, como lo hacemos nosotros, que la sociología de los cuerpos y las emociones se constituye en una mirada crítica sobre lo social. Mirada que, tomando la sociedad al sesgo, encuentra en la conexión entre impresiones, percepciones, sensaciones y emociones una clave de bóveda de la estructura del capital y, en la elaboración de fantasmas y fantasías sociales, una de las tareas que más le importan al actual sistema capitalista.

Para decirlo con una broma, que pretende distender nuestra argumentación contra los incrédulos que rechazan la idea central del presente trabajo, tiene cola de león, melena de león y ruge como un león; *Marx elaboró los mojones fundantes de una sociología de los cuerpos y las emociones en tanto crítica social.*

Notas

1) Marx, *Manuscritos: Economía y Filosofía*, 183.
2) Dado el consenso actual sobre la existencia de dos "disciplinas" diferentes, una llamada sociología de los cuerpos y otra sociología de las emociones, no podemos entrar aquí en una fundamentación sistemática de nuestra propuesta, contraria a dicho consenso. En Scribano, A. "Sociología de los cuerpos/emociones". *Revista Latinoamericana de Estudios sobre Cuerpos, Emociones y Sociedad* 10 4 (2012): 93-113 nos ocupamos de presentar la aludida fundamentación.
3) "In our role as editors we have identified a number of emergent themes that are shaping the field, and these include a renewed interest in relation to life and affect across the social sciences and humanities. The paradigms of both life and affect break down the distinction between humans and other life forms, as we find in various forms of vital-ism (Bergson, Deleuze, Massumi) and echo in debates across the biological and 'environmental' sciences (Varela, Oyama, Lewontin, Margulis, Rose). This is a new post-humanism that examines our communality with other forms of creaturely life and companion species (Haraway), and the need for a non-anthropocentric ethics (Derrida). The focus upon life recognizes the governance and regulation of bodies (biopolitics), as well as investments across diverse practices (media, consumer, biotechnological) in both the materiality and immateriality of bodies as biocapital and biomedia (code, information)" (Blackman y Featherstone, 2010:3).
4) Luna Zamora, R. "La sociología de las emociones como campo disciplinario. Interacciones y estructuras sociales. Ed. A. Scribano y P. Lisdero, *Sensibilidades en juego: miradas múltiples desde los estudios sociales de los cuerpos y las emociones*. Córdoba: CEA-CONICET, 2010.
5) Armon-Jones, C. "The Thesis of Constructionism". Ed. R. Harrè. *The Social Construction of Emotions*. New York: Oxford/Basil Blackwell, 1986.
6) Hochschild, A. R. "Ideology and Emotion Management: A Perspective and Path for Future Research". Ed. T. D. Kemper. *Research Agenda in the Sociology of Emotions*. New York: University of New York Press, 1990.
7) Smith, H. y Schneider, A. "Critiquing Models of Emotions". *Sociological Methods & Research* 37 4 (2009): 560-589.
8) Gross, J. J. y Feldman Barrett, L. "Emotion Generation and Emotion Regulation: One or Two Depends on Your Point of View". Emotion Review 3 1 (2011): 8-16.
9) Hochschild, A. R. *The Managed Heart. Commercialization on Human Feeling*, 2003.
10) Illouz, E. *Intimidades congeladas. Las emociones en el capitalismo*. Madrid: Katz, 2007.
11) Kemper, Th. D. "Social Constructionist and Positivist Approaches to the Sociology of

Emotions Source". *American Journal of Sociology* 87 2 (1981): 336-362.
12) Scheff, T. J. "Mobilization and silence: emotional/relational dynamics". *Work*. Santa Barbara: Univ. Calif. 26 (2006).
13) Dados nuestros objetivos no podemos aquí realizar una discusión adecuada de la concepción de Marx sobre las necesidades. En el texto clásico de Heller. A. se encuentran las pistas necesarias para hacerlo, si bien en una dirección un tanto alejada de la que aquí le daremos a las nociones de "sentidos" y "biología".
14) "Cada una de sus relaciones humanas con el mundo (ver, oír, oler, gustar, sentir, pensar, observar percibir, desear, actuar, amar), en resumen, todos los órganos de su individualidad, como los órganos que son inmediatamente comunitarios en su forma (VII), son, en su comportamiento objetivo, en su comportamiento hacia el objeto, la apropiación de éste" (Marx, *Manuscritos: Economía y Filosofía* 147).
15) "Así, al hacerse para el hombre en sociedad la realidad objetiva realidad de las fuerzas humanas esenciales, realidad humana y, por ello, realidad de sus propias fuerzas esenciales se hacen para él todos los objetos objetivación de sí mismo, objetos que afirman y realizan su individualidad, objetos suyos, esto es, él mismo se hace objeto. El modo en que se hagan suyos depende de la naturaleza del objeto y de la naturaleza de la fuerza esencial a ella correspondiente, pues justamente la certeza de esta relación configura el modo determinado real, de la afirmación. Un objeto es distinto para el ojo que para el oído y el objeto del ojo es distinto que el del oído. La peculiaridad de cada fuerza esencial es precisamente su ser peculiar, luego también el modo peculiar de su objetivación de su ser objetivo real, de su ser vivo. Por esto el hombre se afirma en el mundo objetivo no sólo en pensamiento (VIII), sino con todos los sentidos" (Marx, *Manuscritos: Economía y Filosofía* 149).
16) Dejamos de lado aquí las problemáticas clasificaciones posibles de los sentidos como 5 o más y también sus denominaciones.
17) Dada nuestros objetivos no podemos entrar aquí a la compleja temática de la existencia de una idea de naturaleza y segunda naturaleza en Marx pero es pertinente recordar que en un estudio seminal (y curioso) de Bauman (*Por uma sociologia critica. Um ensaio sobre senso comun e emancipação*, 1977) pueden encontrarse algunas pistas que, si bien no coinciden exactamente con nuestra aproximación (desde el realismo crítico dialéctico), arrojan luces sobre la aludida problemática.
18) Es aquí donde cobra relevancia la diferencia de visiones entre Sartre y Merleau Ponty sobre el estatus de las relaciones entre cuerpo y emociones que una y otra vez son retomados por la actual sociología de los cuerpos y las emociones.
19) Como hemos advertido ya, no retomamos aquí la teoría de la alienación de Marx pero creemos de suma utilidad señalar los muy conocidos ensayos de Metzaros al respecto como una lectura que puede acompañar la nuestra.
20) "Se ve cómo la historia de la industria y la existencia, que se ha hecho objetiva, de la industria, son el libro abierto de las fuerzas humanas esenciales, *la psicología humana abierta a los sentidos, que no había sido concebida hasta ahora en su conexión con la esencia del hombre, sino sólo en una relación externa de utilidad, porque, moviéndose dentro del extrañamiento*, sólo se sabía captar como realidad de las fuerzas humanas esenciales y como acción humana genérica la existencia general del hombre, la Religión o la Historia en su esencia general y abstracta, como Política, Arte, Literatura, etc. (IX)" (Marx, *Manuscritos: Economía y Filosofía* 151, enfasis ???).
21) "Así, pues, incluso en la situación social más favorable para el obrero la consecuencia

necesaria para éste es exceso de trabajo y muerte prematura, degradación a la condición de máquina, de esclavo del capital que se acumula peligrosamente frente a él, renovada competencia, muerte por inanición o mendicidad de una parte de los obreros. El alza de salarios despierta en el obrero el ansia de enriquecimiento propia del capitalista que él, sin embargo, sólo mediante el sacrificio de su cuerpo y de su espíritu puede saciar" (Marx, *Manuscritos: Economía y Filosofía* 54).

22) "Para ser conducida con éxito, la guerra industrial exige a ejércitos numerosos que pueda acumular en un mismo punto y diezmar generosamente. Y ni por devoción ni por obligación soportan los soldados de este ejército las fatigas que se les impone; sólo por escapar a la dura necesidad del hambre. No tienen ni fidelidad ni gratitud para con sus jefes; éstos no están unidos con sus subordinados por ningún sentimiento de benevolencia; no los conocen como hombres, sino instrumentos de la producción que deben aportar lo más posible y costar lo menos posible. Estas masas de obreros, *cada vez más apremiadas, ni siquiera tienen la tranquilidad de estar siempre empleadas*; la industria que las ha convocado sólo las hace vivir cuando las necesita, y tan pronto como puede pasarse sin ellas las abandona sin el menor remordimiento; y los trabajadores... están obligados a ofrecer su persona y su fuerza por el precio que quiera concedérseles" (Marx, *Manuscritos: Economía y Filosofía* 67, enfasis nuestro).

23) No podemos dejar de hacer notar aquí las múltiples sugerencias que hayamos para esto en los dispares y contradictorios escritos de Marcuse y Fromm al respecto.

24) "Increíble beneficio que obtienen los arrendadores de viviendas de la miseria. El alquiler está en proporción inversa de la miseria industrial. Igualmente, ganancias extraídas de los vicios de los proletarios arruinados (prostitución, embriaguez, prêteur sur gages). La acumulación de capitales crece y la competencia entre ellos disminuye al reunirse en una sola mano el capital y la propiedad de la tierra, igualmente al hacerse el capital, por su magnitud, capaz de combinar distintas ramas de la producción" (Marx, *Manuscritos: Economía y Filosofía* 87).

25) "El carácter social es, pues, el carácter general de todo el movimiento; así como es la sociedad misma la que produce al hombre en cuanto hombre, así también es producida por él. La actividad y el goce son también sociales, tanto en su modo de existencia como en su contenido; actividad social y goce social" (Marx, *Manuscritos: Economía y Filosofía* 145).

26) "La Economía Política, esa ciencia de la riqueza, es así también al mismo tiempo la ciencia de la renuncia, de la privación, del ahorro y llega realmente a ahorrar al hombre la necesidad del aire puro o del movimiento físico. Esta ciencia de la industria maravillosa es al mismo tiempo la ciencia del ascetismo y su verdadero ideal es el avaro ascético, pero usurero, y el esclavo ascético, pero productivo. Su ideal moral es el obrero que lleva a la caja de ahorro una parte de su salario e incluso ha encontrado un arte servil para ésta su idea favorita. Se ha llevado esto al teatro en forma sentimental. Por esto la Economía, pese a su mundana y placentera apariencia, es una verdadera ciencia moral, la más moral de las ciencias" (Marx, *Manuscritos: Economía y Filosofía* 159).

27) "The word 'emotion' comes from Latin, *emovere, referring to 'to move, to move out'*. So emotions are what move us. But emotions are also about attachments, about what connects us to this or that. The relationship between movement and attach-ment is instructive. What moves us, what makes us feel, is also that which holds us in place, or gives us a dwelling place. *Emotion may function as a 'contingent attachment'* to the world (see Sartre, 1996: 333, emphasis mine). The word *'contingency' has the same root in Latin as the word 'contact'*

(Latin: contingere: com-, with; tangere, to touch). Contingency is linked then to proximity, to getting close enough to touch another and to be moved by another. So what attaches us, what connects us to this or that place, or to this or that other, such that we cannot stay removed from this other, is also what moves us, or what affects us such that we are no longer in the same *place*".

28) "In his early work, Marx made casual but brilliant remarks about emotions. For example, he named the emotions that accompany alienation (disconnect): feelings of "impotence" (shame) and "indignation" (anger) (Tucker 1978, pp. 133- 134). In a letter to Ruge in 1843 about German nationalism, he wrote: "…if a whole nation were to feel ashamed it would be like a lion recoiling in order to spring." This latter statement, particularly, turned out to be prophetic of the fate of France, than Germany in the period 1871-1945 (Scheff 1994)".

29) Hochschild, A. R., *The Managed Heart. Commercialization on Human Feeling* (Twentieth Anniversary Edition, 2003).

30) "In general, social constructionists hold that there is great plasticity to human emotions because emotions are largely disconnected from biology".

31) "The positivist approach, on the other hand, maintains an important link with biology and the physiological concomitants of emotion"..

32) La elaboración de los modelos/enfoques fue realizada con base en: Gross y Feldman Barrett ("Emotion Generation and Emotion Regulation"); Smith y Schenider ("Critiquing Models of Emotions"), Hochsild (*The Managed Heart*) y Kemper ("Social Constructionist").

Capítulo II Cuerpos y emociones en *El Capital*

1.   Introducción

Es por demás conocido que, existen muchas maneras de comprender *El Capital*, lo que nadie discutiría es que constituye uno de los ejes centrales del pensamiento de Marx. Desde la publicación de Louis Althusser y Étienne Balibar de su *Para leer El Capital* (1969) (sólo para mencionar un hito en la larga cadena de lecturas) hasta la actualidad, las experiencias colectivas e individuales "con base en" y "a través de" la interpretación de *El Capital* son innumerables; es por eso que, debemos establecer claramente que, el presente estudio, no es un trabajo sistemático sobre el aludido texto.

En el capítulo anterior hemos sostenido la existencia de una sociología de los cuerpos/emociones[1] en los escritos de Marx, tomando como punto de partida los *Manuscritos Económicos-Filosóficos* de 1844, en el cual hemos sostenido que dicha sociología cumple un rol fundamental en crítica marxista sobre los procesos de depredación/desposesión.

En el presente capítulo buscamos continuar nuestra exploración sumando más evidencia al respecto, ahora centrados, en tanto vector analítico-hermenéutico, en un rastreo sobre el lugar que tienen en *El Capital* (Tomo I) las políticas de los cuerpos/emociones. En esa dirección, la identificación e interpretación de los textos, aquí realizada, se enhebra, a través de lo que Marx elabora respecto al capitalismo, como religión y los puntos nodales de la economía política de la moral.

En otros trabajos,[2] hemos dado cuenta de las diversas formas de los principales enfoques y perspectivas, en el campo de los estudios sociales sobre cuerpos/emociones, tanto en Argentina como en un contexto más global. Aquí, nos limitaremos a delinear algunos de los conceptos básicos que utilizamos en el presente trabajo como herramental hermenéutico.

La argumentación que elaboramos puede sintetizarse del siguiente modo: a) se establecen muy sintéticamente los conceptos centrales que se usan para realizar la lectura propuesta, b) se muestran algunos de los nodos de las complejas relaciones entre sentidos, músculos/cerebro y carne, en tanto ejes de las políticas de los cuerpos/emociones, analizadas por Marx, c) se esquematiza la centralidad del disfrute/goce y de la crueldad, como clave de la lectura de las sensibilidades capitalistas, d) se argumenta, con base en lo expuesto, la obvia existencia de una sociología de los cuerpos/emociones en *El Capital*, con un rol fundamental en la elaboración de una crítica radical al capitalismo.

Sostendremos que la dialéctica de la presentación de Marx, en *El Capital*, implica la trama de un triple juego entre a) la crítica a la economía política (de la moral) en sus contenidos "teóricos" como prácticas que devienen imperativos sociales, b) el análisis de las formas de explotación que se anclan en los cuerpos/emociones en tanto construcción de sensibilidades, y c) un conjunto de prácticas del sentir que "encarnan" prácticas ideológicas.

Nuestra ruta de acceso hermenéutico al texto de Marx la emprendemos siguiendo una espiral que, parte de lo fisiológico/orgánico/construido que aparece en los cuerpos/emociones, pasa por el disfrute/goce/crueldad como ejes de las sensibilidades y llega (y vuelve a partir) al lugar que el mismo proceso descripto tiene en la elaboración de políticas de los cuerpos y de las emociones como ariete teórico/analítico en *El Capital*.

2. *Sentidos, Músculos, Cerebro y Carne*

Con base en el pliegue y despliegue de diversas bandas mobesianas alrededor de lo que hay de orgánico/social en el cuerpo, Marx elabora una mirada sobre los puntos de partida y llegada de la constitución del sistema capitalista anclado en los cuerpos/emociones.

Uno de los nodos de la trama de la mirada de Marx, sobre el lugar de los cuerpos/emociones en la estructuración del capitalismo, se configura alrededor de los sentidos. La historia social de los sentidos abre la puerta para entender el lugar del hombre en el desarrollo de las diversas formaciones sociales que éste construye. Otro de los nodos se arma alrededor de las pistas que nuestro autor da respecto al peso de los músculos y el cerebro, a la hora de analizar el trabajo asalariado.

Entre los pliegues de vida/muerte que el sistema de relaciones sociales establecidas por el capitalismo involucra, Marx encuentra y referencia a la tensión entre sentidos/músculos/cerebro como indicador de la estructuración social que dicho sistema social implica.

2.1 Sentidos

Los sentidos del ser humano están asociados privilegiadamente a la intervención del (sobre) organismo humano y sus funciones en la construcción de la sociedad. Los sentidos se conectan también con la noción de materialidad corpórea que cobra valor en tanto aparece "puesta-en-el-trabajo" para otros y Otro.

> Como vemos, el carácter místico de la mercancía no brota de su valor de uso. Pero tampoco brota del contenido de sus determinaciones de valor. En primer lugar, porque por mucho que difieran los trabajos útiles o actividades productivas, es una verdad *fisiológica* incontrovertible que todas esas actividades son funciones del organismo *humano* y que cada una de ellas, cualesquiera que sean su contenido y su forma, representa un *gasto* esencial de cerebro *humano*, de nervios, músculos, sentidos, etc. (Marx, *El Capital* 49, énfasis nuestro)

> Esta indiferencia de la mercancía respecto a lo que hay de concreto en la *materialidad corpórea* de otra, la suple su poseedor con sus cinco y más sentidos. (Ídem 4)

Es importante reparar que (al igual que en los *Manuscritos*), para Marx, el hombre comienza su conexión con el mundo en y a través de sus sentidos configurando sus percepciones de las formas sociales entre las cuales se encuentra en sitial privilegiado la que tiene, en el sistema capitalista, con el dinero.

> Entre la circulación del dinero como capital y su circulación como dinero pura y simplemente, media, pues, como se ve, *una diferencia perceptible a través de los sentidos*. (Marx, *El Capital* 105, énfasis nuestro)

Hay que notar cómo Marx ve a las proximidades/distancias entre cuerpo, máquina y sentidos sociales de los hombres como una clave de comprensión de las actividades productivas y de los modos de explotación.

> Este aparato mecánico no viene a suplir un determinado instrumento, *sino a la misma mano del hombre*, en las operaciones en que ésta da al material trabajado, el hierro, por ejemplo, una determinada forma, manejando en distintos sentidos diversos instrumentos cortantes. De este modo, se consigue producir las formas geométricas de las distintas piezas de maquinaria, "con un grado de facilidad, precisión y rapidez que *ninguna experiencia acumulada* podía prestar a la mano del obrero más diestro. (Marx, *El Capital* 314-315, énfasis nuestro)

Las condiciones de trabajo son parte de las condiciones de existencia en tanto alteran todos los sentidos al poner/exponer al cuerpo del trabajador para la explotación. La mirada de Marx sobre la explotación implica una conexión directa entre medios de producción en tanto "naturaleza" (recursos) y capital variable (naturaleza humana), ambos como objetos que se explotan y depredan.

> Aquí, sólo aludiremos ligeramente a las condiciones materiales bajo las cuales se ejecuta el trabajo en las fábricas. Todos los sentidos se sienten perturbados por la elevación artificial de la temperatura, por la atmósfera cargada de desperdicios de material, por el ruido ensordecedor, etc. Y no hablemos del peligro que supone tener que trabajar y circular entre la maquinaria apretujada, que produce sus partes industriales de batalla con la periodicidad de las estaciones. La tendencia a *economizar los medios sociales de producción*, tendencia que bajo el sistema fabril, madura como planta de estufa, se convierte, en manos del capital, *en un saqueo sistemático contra las condiciones de vida del obrero durante el trabajo*, en un robo organizado de espacio, de luz, de aire y de medios personales de protección contra los procesos de producción malsanos o insalubres, y no hablemos de los aparatos e instalaciones para comodidad del obrero. ¿Tiene o no razón Fourier cuando llama a las fábricas "presidios atenuados"?. (Marx, *El Capital* 352-353)

Nariz, oídos, ojos alterados, impactados, desposeídos de sus "cualidades" en y a través de un saqueo que implica el calor, el ruido, el olor de un lugar pensado para "robar organizadamente" espacio, luz, aire: Marx ve claramente que el capitalismo es una fábrica para la naturalización y construcción de sensaciones dispuestas para la explotación. Que hace del trabajo una experiencia que modifica los cuerpos.

> Eran verdaderos experimentos *in corpore vili*, como los que en los laboratorios de anatomía se hacen con las ranas. "Aunque he apuntado –dice el inspector Redgrave– los ingresos reales de los obreros en muchas fábricas, no se crea que perciben estas mismas sumas semana tras semana. Los obreros se hallan sujetos a las mayores oscilaciones, *debidas al constante experimentar* ("experimentalizing") de los fabricantes... (Marx, *El Capital* 381, enfasis nuestro)

Es muy interesante que Marx hay seleccionado la expresión latina "in corpore vili" dado que hace evidente que en el capitalismo no hay cuerpo sin emociones en tensión dialéctica con los sentidos: los trabajadores son tratados como cuerpos viles, sin valor, desperdiciables. El cuerpo explotado del obrero es ya en sí mismo la "encarnación" de una sensibilidad: la vileza. Los trabajadores son animalizados, cual ranas en el laboratorio, son objetos de experiencias de otro, se ven sujetos a experimentos.

La identificación, descripción y explicación del "estado-de-los-sentidos" son claves fundamentales para explicar el trabajo asalariado. Los cinco sentidos, en tanto superficie de inscripción de la explotación y condiciones orgánicas del trabajador, son analizados en dos direcciones complementarias: a) como parte de unas políticas de los cuerpos/emociones características del capitalismo y b) como instrumento teórico-crítico.

2.2 Músculos/Cerebro

Hay en Marx una constante describir y "representar" el organismo humano usando al cerebro y a los músculos. Ambos cumplen un papel central para referir a distintas prácticas sociales pero, especialmente, al trabajo. Sea por negación o afirmación, según el desarrollo de las fuerzas productivas, lo orgánico/cognitivo/afectivo que hilvana la fuerza viva de los músculos con la potencialidad creativa/productiva del cerebro y sus conexiones, es visto como central en la estructuración social.

Una de las referencias permanentes de Marx, cuando hace alusión al cerebro y a los músculos, señala que la conexión entre gasto de energía, medios de vida y trabajo. Por lo cual es evidente que el cuerpo humano es prioritario para hacer una crítica de la economía política.

> Sin embargo, la fuerza de trabajo solo se realiza ejercitándose, y sólo se ejercita *trabajando*. Al ejercitarse, al trabajar, se gasta una determinada cantidad de músculos, de nervios, de cerebro humano, etc., que es necesario reponer. Al intensificarse este gasto, tiene que intensificarse también, forzosamente, el ingreso. Después de haber trabajado hoy, el propietario de la fuerza de trabajo tiene que volver a repetir mañana el mismo proceso, en idénticas condiciones de fuerza y salud. Por tanto, la suma de víveres y medios de vida habrá de ser, por fuerza, suficiente para mantener al individuo trabajador en su estado normal de vida y de trabajo. (Marx, *El Capital* 124, énfasis nuestro)

Es fácil advertir cómo Marx enfatiza la mirada del cuerpo como una totalidad compleja que no es solo un "conjunto de partes" sino una red de relaciones con el objetivo de procurar la vida. La conexión gasto/ingreso, que nuestro autor sostiene, es una muestra de su convicción en la existencia de un flujo que se debe reconstruir permanentemente y que el capitalismo ha tenido la astucia de someter al solo fin de perpetuar sus ganancias.

> Prescindiendo de algunas otras singularidades. no creemos que sea, por ejemplo, el precio del pan el que reaparezca en forma de nuevas *formas infundidas al hombre, sino sus sustancias alimenticias*. Y lo que reaparece como valor de esas fuerzas no son precisamente los víveres mismos, sino su valor. Si estos víveres sólo cuestan la mitad, producirán exactamente la misma cantidad de músculos, de huesos, etc., en suma, *la misma fuerza, pero no una fuerza del mismo valor*. (Marx, *El Capital* 157, Nota 7, énfasis nuestro)

Existe una relación clara entre gasto de cuerpo y acumulación de riqueza, entre músculos, fuerza de trabajo y plusvalía. En este contexto es importante resaltar que cuando debe ser descripta la situación de la clase obrera se hace referencia inmediatamente al cuerpo, a los medios necesarios para su reproducción y a las sensibilidades a ello asociadas.

Es evidente que el anclaje corporal del capitalismo está en relación directa con el industrialismo y el maquinismo y con sus consecuencias para el cuerpo del obrero. Una de las claves del sistema fabril es la suplantación de la energía y capacidad de los músculos como metáfora de la energía corporal.

> En la fábrica, existe por encima de ellos un mecanismo muerto, al que se les incorpora como apéndices vivos. "Esa triste rutina de una tortura inacabable de trabajo, en la que se repite continuamente el mismo proceso mecánico, es como el tormento de Sísifo; la carga del trabajo rueda constantemente sobre el obrero agotado, como la roca de la fábula." El trabajo mecánico afecta enormemente al sistema nervioso, ahoga el juego variado *de los músculos y confisca toda la libre actividad física y espiritual del obrero.* Hasta las medidas que tienden a facilitar el trabajo se convierten en medios de tortura, pues la máquina no libra al obrero del trabajo, sino que priva a éste de su contenido. (Marx, *El Capital* 340, énfasis nuestro)

El capitalismo es primariamente un aparato confiscador de cuerpos/emociones. La fábrica es un dispositivo de desposesión de energías al que se le injertan cuerpos. Marx ve, claramente, que hay una relación sistémica entre una política de los cuerpos basada en la tortura, el ahogo y la muerte que implica el trabajo asalariado y la disciplina fabril.

> La maquinaria, al hacer inútil la fuerza del músculo, *permite* emplear *obreros sin fuerza muscular* o sin un desarrollo físico completo, que posean, en cambio, una gran flexibilidad en sus miembros. *El trabajo de la mujer y del niño* fue, por tanto, el primer grito de la aplicación capitalista de la maquinaria. De este modo, aquel instrumento gigantesco creado para eliminar trabajo y obreros, se convertía inmediatamente en medio de *multiplicación del número de asalariados*, colocando a todos los individuos de la familia obrera, sin distinción de edad ni sexo, bajo la dependencia inmediata del capital. Los trabajos forzados al servicio del capitalista vinieron a invadir y usurpar, no sólo el lugar reservado a los juegos infantiles, sino también el puesto del trabajo libre dentro de la esfera doméstica y, a romper con las barreras morales, invadiendo la órbita reservada incluso al mismo hogar. (Marx, *El Capital* 323, enfasis nuestro)

En el desplazamiento de la necesidad de grandes volúmenes de fuerza muscular Marx ve la aparición de unos nuevos regímenes morales: la fábrica reconstruye las reglas y espacios familiares, los cuerpos débiles son más aptos para producir ganancia y la flexibilidad muscular deviene metáfora de la adaptabilidad como parámetro vivencial para sobrevivir.

> El capital de que se desprende a cambio de la fuerza de *trabajo se convierte en medios de vida, cuyo consumo sirve para reproducir los músculos, los nervios, los huesos, el cerebro*

de los obreros actuales y para procrear los venideros. Así, pues, dentro de los límites de lo absolutamente necesario, el consumo individual de la clase obrera vuelve a convertir el capital abonado a cambio de la fuerza de trabajo en nueva fuerza de trabajo explotable por el capital. (Marx, *El Capital* 481, énfasis nuestro)

El capital produce "cuerpos-para-el-futuro" donde tendrán un lugar en la explotación y en el trabajo productivo. Es así que los músculos/cerebros dependen de los niveles de consumo de los medios de vida asociados directamente con los nutrientes/alimentos/hambre de un tiempo/espacio determinado.

Marx enfatiza el rol de la política de los cuerpos/emociones como política del hambre que conjuga una especial gramática entre instinto/hambre/energía de forma tal que, dicha relación, se transforma en condición de posibilidad de la explotación.

2.3 La "carne" en tanto analítica de las políticas de los cuerpos/emociones

La carne, como metáfora/indicador de las posiciones de los cuerpos/emociones en la sociedad capitalista, es retomada, una y otra vez, por Marx en *El Capital*. La carne deviene superficie de inscripción de la religión del capital, de las formas de explotación y de las geometrías de los cuerpos que están involucradas en las políticas de los cuerpos/emociones del capitalismo. La sociedad hecha carne, la carne del trabajador vuelta mercancía y espacio de obtención de plusvalía; la carne límite y posibilidad de las sensibilidades vuelve reiteradamente en *El Capital*, delineando la sociología de los cuerpos/emociones de Marx.

> El sistema, tal como lo ha descrito el rev. Montagu Valpy, es un sistema de esclavitud desenfrenada en todos los sentidos, en el social, en el físico, en el moral y en el intelectual... ¿Qué pensar de una ciudad en la que se celebra una asamblea pública para pedir que la jornada de trabajo de los hombres se reduzca ¡a 18 horas al día!?... Nos hartamos de clamar contra los plantadores de Virginia y de las Carolinas. Pero, ¿es que sus mercados de negros, aún con todos los horrores del látigo y *del tráfico en carne de hombres*, son más abominables que esta lenta carnicería humana que se ha montado aquí para fabricar velos y cuellos de encaje en provecho del capitalista? (Marx, *El Capital* 189, enfasis nuestro)

El régimen de trabajo asalariado es descripto como "tráfico en carne de hombres" dadas las condiciones de expropiación de energías corporales que ello demanda, los estados de sujeción incondicionada que comporta y su similitud con la esclavitud en tanto política de los cuerpos/emociones.

"Una carnicería humana": hombres que se venden como carnes y matanza indiscriminada de hombres. Los hombres son traficados como ganado y sacrificados

como animales. Impudicia que se entrama con estetización de la muerte a través de los objetos que se venderán gracias al aludido sacrificio.

> [Y]a que la enorme demanda de trabajo tropezaba en Irlanda con un movimiento de despoblación y en los distritos agrícolas de Inglaterra y Escocia con una corriente de emigración sin precedente hacia Australia y América, y además con el descenso positivo de la población en algunos distritos agrícolas ingleses, descenso originado, en parte, por quienes habían conseguido destrozar las *energías vitales del pueblo*, y en parte por el agotamiento anterior de la población disponible gracias a los traficantes en carne humana. (Marx, *El Capital* 210, Nota 78, énfasis nuestro)

Es justamente el uso de la expresión *"energías vitales del pueblo"*, asociada al tráfico de carne humana, la que indica, claramente, cómo Marx pensaba el sistema de expropiación de energías corporales como uno de los ejes de las formas de explotación capitalista. El tráfico de carne, coligado a los movimientos poblacionales y a la variación de energías corporales disponibles, indica, en dirección de las geometrías de los cuerpos, qué desarrollo del capitalismo implica. Son las energías colectivas hechas cuerpo las que sustentan, a escala sistémica, la expropiación capitalista.

> Cerrado el trato, se descubre que el obrero no es "ningún agente libre", que el momento en que se le deja en libertad para vender su fuerza de trabajo es precisamente el momento en que se ve obligado a venderla y que su vampiro no ceja en su empeño *"mientras quede un músculo, un tendón, una gota de sangre que chupar"* Para "defenderse" contra la serpiente de sus tormentos, los obreros no tienen más remedio que apretar el cerco y arrancar, como clase, una ley del Estado, un obstáculo social insuperable que les impida a ellos mismos venderse y vender a su descendencia como carne de muerte y esclavitud mediante un contrato libre con el capital. (Marx, *El Capital* 241)

La política de los cuerpos/emociones que implica el libre contrato de trabajo, en tanto "defensa" de los derechos del trabajador, es señalado por Marx como aquello que impide la venta de la prole, "como carne de muerte".

El uso analógico del personaje del vampiro para describir las conductas del capitalista respecto al obrero nos conduce a identificar la convicción de nuestro autor sobre el carácter parasitario de la estructura de la sensibilidad del capitalismo como sistema. Un parásito que al intervenir "condena" al otro a ocupar el lugar de huésped por el cual cobra vida, un parásito que hace-y-se-hace-cuerpo a través de lo que nutre dicho cuerpo, la sangre, y que vive de la muerte de la carne. La analogía del vampiro es una analogía de la carne que se muere al venderse.

> El carácter del capital es idéntico en todas partes, lo mismo bajo sus formas primitivas y rudimentarias que en sus manifestaciones más progresivas. En el Código que imponía al territorio de Nuevo México la influencia de los esclavistas, poco antes de que estallase la guerra de Secesión, se dice: el obrero, durante el tiempo que el capitalista ha

comprado su fuerza de trabajo, "es su dinero" (del capitalista) (*The labourer is bis (the capitalist's) money*). Es la misma idea que profesaban los patricios romanos. El dinero prestado por ellos a los plebeyos se convertía, a través de los víveres comprados con él, en carne y sangre del deudor. Por tanto, "esta carne y esta sangre" era "su dinero". De aquí la shylockiana ley de las XII Tablas. La hipótesis de Linguet, según la cual los acreedores patricios organizaban de tarde en tarde, del otro lado del Tíber, banquetes de carne asada de deudor, hay que ponerla tan en tela de juicio como la hipótesis de Daumer acerca de la última cena de Cristo. (Marx, *El Capital* 228)

La carne y sangre del obrero porta los medios de vida adquiridos con el salario pagado por el capitalista que opera al menos en dos sentidos una política de los cuerpos: a) transustancializa al obrero y lo deja en condiciones de ser comido, y lo vuelve garante, con su carne, de lo "ganado" aquí en la tierra, y b) transforma la vida en una continuidad religiosa de una vida vivida como repetición.

Marx ironiza y polemiza con las lecturas literarias/míticas/religiosas transformadas en hermenéuticas de la "ganancia capitalista" señalando que el límite del canibalismo se transgrede que se hace carne la explotación.

Hay, en la carne y sangre del obrero, un indicador claro de tres fenómenos claves para el desarrollo del capitalismo: los límites de la producción de fuerza de trabajo, la visibilidad del régimen de explotación y la gestión de la población.

Sentidos, músculos/cerebro y carne elaboran unas especiales geometrías de los cuerpos en la explotación capitalista que se anudan y tensan con el disfrute, el goce y la crueldad como ejes de la sensibilidad capitalista.

3. *Disfrute/Goce y Crueldad ejes de la sensibilidad capitalista*

Un elemento clave para la comprensión del lugar central de las políticas de los cuerpos/emociones, en la obra de Marx, se constituye en torno a las tensiones y superposiciones de sus usos/descripciones respecto al disfrute, goce, deseo y pasión. Aquí sólo exploramos las citas explícitas sobre disfrute/goce para tensionarlas con la posterior indagación sobre la crueldad pero las cuatro prácticas del sentir deben ser analizadas en sus diferencias/proximidades dialécticas dado su carácter estructurante de la sensibilidad capitalista.

3.1 *Disfrute/Goce*

Marx inscribe al "disfrute" en las conexiones entre sentidos, sensibilidades y necesidades conectándolo con los medios de vida. Es importante notar que la intención del autor es "separar" el conjunto de prácticas sociales que se vinculan con el valor, de aquellas otras que, directa o indirectamente, se articulan con las necesidades, en el proceso de su caracterización del mundo de la mercancía. En este contexto es muy relevante que Marx, en su primera aproximación a las relaciones mercancía/necesidad, cite a Nicolás Barbon: "Apetencia implica necesidad; es el apetito del espíritu, tan natural en éste como el hambre en el cuerpo … La mayoría (de las cosas) tiene un valor por el hecho de satisfacer las necesidades del espíritu". (Marx, *El Capital* 3, nota 2)

Una de las facetas de la "religión" del capital se hace evidente en las articulaciones entre ahorro ascético, placeres de la carne, abstención y avaricia, como nodos centrales de la economía política de la moral. La dialéctica disfrute/abstención describe las tramas del sentir del imperativo de acumulación que regulan los mandatos de la ciencia económica, en tanto moral/sensibilidad burguesa.

El primer eslabón de la mercantilización del trabajo es el "ceder" a otro el disfrute de la fuerza de trabajo del obrero, cuestión que, tanto en *El Capital* como en los *Manuscritos*, está asociada al rasgo central del sistema de explotación: que el otro sea objeto de mi goce. Es, en este momento "inaugural" de la venta de la fuerza del trabajo, donde disfrute/goce se constituye en elemento clave para comprender las sensibilidades hechas cuerpo en el régimen capitalista.

> La mercancía es, en primer término, un objeto externo, una cosa apta para satisfacer necesidades humanas, de cualquier clase que ellas sean. El carácter de estas necesidades, el que broten, por ejemplo, del estómago o de la fantasía, no interesa en lo más mínimo para estos efectos. Ni interesa tampoco, desde este punto de vista, cómo ese objeto satisface las necesidades humanas, si, directamente, como medio de vida, es decir como *objeto de disfrute*, o indirectamente, como medio de producción. (Ídem 3, énfasis nuestro).

Marx pretende subrayar la conexión necesidad/mercancía más allá de que ésta última surja a través de la aplicación de una política de los cuerpos (desde el estómago) y/o una política de las emociones (desde la fantasía); más allá que tal mercancía opere como objeto de deseo o como medio de producción. Es, en este contexto, que nuestro autor ha conectado a través de un satisfactor llamado mercancía la vida vivida en y por las necesidades como apetencias.

> Para retener el oro como dinero, y, por tanto, como materia de atesoramiento, hay que impedirle que circule o se invierta como medio de compra en *artículos de disfrute*. El atesorador sacrifica al fetiche del oro los *placeres de la carne*. Abraza el evangelio de la abstención. Además, sólo puede sustraer de la circulación en forma de dinero lo que incorpora a ella en forma de mercancías. Cuanto más produce, más puede vender. La laboriosidad, el ahorro y la avaricia son, por tanto, *sus virtudes cardinales*, y el vender mucho y comprar poco el compendio de su ciencia económica. (Marx, *El Capital* 91, énfasis nuestro)

La moral capitalista conjuga y conjura la relación placer (carne/cuerpo) y disfrute (artículos/objetos) posponiendo su encuentro en el tiempo y haciendo de dicha divergencia fuente de riqueza. Las cualidades de un buen capitalista devienen virtudes de su nueva religión: la ganancia. El capitalismo se realiza también en el cuerpo del capitalista, se instancia en el olvido temporal del placer por su parte, olvido que deviene fetiche, es decir, cosa con poder.

> Es necesario que el dueño de la fuerza de trabajo, *considerado* como *persona*, se comporte constantemente respecto a su fuerza de trabajo como respecto a algo que le pertenece y que es, por tanto, su mercancía, y el único camino para conseguirlo es que sólo la ponga a disposición del comprador y sólo la ceda a éste para su consumo pasajeramente, por un determinado tiempo, sin renunciar, por tanto, a su *propiedad*, aunque ceda a otro su disfrute. (Marx, *El Capital* 121, enfasis nuestro)

Los diagramas tiempo-espacio del capitalismo pueden advertirse en la continuidad de las líneas que unen/distancian los momentos de cesión del cuerpo como objeto de consumo, como materia para el disfrute de otro.

El trabajo asalariado, base fundamental del sistema capitalista, implica una política de los cuerpos/emociones bien delineada que implica la dialéctica entre lo cognitivo, lo afectivo y lo orgánico.

> Mientras permanezca trabajando, además de *esforzar los órganos que trabajan*, el obrero ha de aportar esa voluntad consciente del fin a que llamamos atención, atención que deberá ser tanto más reconcentrada cuanto menos atractivo sea el trabajo, por su carácter o por su ejecución, para quien lo realiza, es decir, *cuanto menos disfrute de él el obrero como de un juego de sus fuerzas físicas y espirituales*. (Marx, *El Capital* 131, énfasis nuestro)

Al esfuerzo orgánico debe sumarse el cognitivo, en tanto "atención" al trabajo, siendo la clave la disminución del disfrute de esa práctica por parte del obrero en tanto "un juego de sus fuerzas físicas y espirituales".

El disfrute/disponibilidad de la fuerza de trabajo es el nodo central de la explotación capitalista y la creación de plusvalía: la lucha por la apropiación de la posibilidad del disfrute describe las relaciones de sujeción en el capitalismo

> El capitalista paga el valor o el precio –suponiendo que difiera de aquél – de la fuerza de trabajo, y obtiene, a cambio de ello, el derecho a disponer directamente de la fuerza de trabajo viva. *Su disfrute de esta fuerza de trabajo* se descompone en dos fases. Durante la primera, el obrero sólo produce un valor igual al valor de su fuerza de trabajo, es decir, un equivalente. De este modo, el capitalista obtiene, a cambio del precio que desembolsó por la fuerza de trabajo, un producto de precio igual. Es como si comprase el producto directamente en el mercado. En cambio, durante la segunda fase, la fase del trabajo excedente, *el disfrute de la fuerza de trabajo crea valor para el capitalista*, sin que este valor le cueste equivalente alguno. El capitalista percibe gratis

este fruto de la fuerza de trabajo. (Marx, *El Capital* 447, énfasis nuestro)

Como veremos en el Capítulo 4 es la generación de la plusvalía un proceso de elaboración de regímenes de sensibilidades que estructuran la economía política de la moral.

Marx realiza una crítica a la economía política que incluye, en una posición no menor, la tematización que ésta hace de las relaciones *disfrute/deseo* en conexión con el trabajo. Es el propio proceso de producción el que genera medios desiguales y diferenciales de disfrute siendo estos unos de los pilares de expropiación efectuada por el capital. Los medios de disfrute, en tanto medios de vida/confort, constituyen un factor central para la acumulación del capital y configuran, también, la estructuración de sociabilidades y vivencialidades diversas. Es así que la riqueza social se divide en "medios de disfrute para los que no trabajan y en medios de producción" donde el obrero no "tiene ni voz ni voto".

La pobreza, ignorancia y miseria de los trabajadores constituyen la condición de posibilidad del disfrute en tanto efecto de la "evolución" de los medios de vida. Existe una política de las sensibilidades estructurada desde la relación entre frugalidad impuesta, necesidades y gasto/consumo; siendo esta última el engranaje básico para la explotación. Es por ello que el salario es explicado por Marx como un dispositivo del capital que puede disparar emociones y configurar sensibilidades: desesperación/desanimo e insolencia/vagancia.

> Por tanto, si su distribución en renta y capital adicional no se modifica, el consumo del capitalista puede aumentar sin que disminuya el fondo de acumulación. El volumen proporcional del fondo de acumulación puede, incluso, aumentar a costa del fondo de consumo, mientras el abaratamiento de las mercancías pone a disposición del capitalista tantos o *más medios de disfrute que antes*. Pero, al crecer la productividad del trabajo, crece también, como veíamos, el abaratamiento del obrero y crece, por tanto, la cuota de plusvalía, aun cuando suba el salario real. (Marx, *El Capital* 509, énfasis nuestro)

El capitalismo es una gran maquinaria destinada a elaborar medios/objetos de disfrute que, en tanto parte de los medios de vid, se transforman en "imprescindibles" y en materia de la acumulación diferencial. Medios de vida que trascendiendo, para el capitalista, los meros límites de reproducción, transforman, a los objetos involucrados, en exigencias caprichosas de sí mismos.

> Los hechos que sirven de base a este dogma son muy sencillos. En primer lugar, el obrero no tiene voz ni voto cuando llega la hora de dividir la riqueza social en *medios de disfrute para los que no trabajan y en medios de producción*. En segundo lugar, sólo en casos excepcionales y muy propicios puede aumentar el llamado "fondo de trabajo" a costa de la "renta" de los ricos. (Ídem 509, énfasis nuestro)

El régimen de acumulación diferencial y distribución desigual de medios de vida conlleva objetos de disfrute divididos de la misma forma e implica también que los mismos devienen "patrones" y "criterios" de lo que se debe y puede buscar/querer.

> De una parte, el proceso de producción transforma constantemente la riqueza material en capital, en medios de explotación de valores y en *medios de disfrute* por el capitalista. De otra parte, el obrero sale constantemente de ese proceso igual que entró: como fuente personal de riqueza, pero despojado personalmente de todos los elementos necesarios para realizar esta riqueza en su provecho propio. (Marx, *El Capital* 480, énfasis nuestro)

Otros de los rasgos del capitalismo, como sistema de depredación que crea sensibilidades, es su capacidad transformadora de todas las fuerzas humanas y materiales en un eslabón de su sistema donde los medios de disfrute ocupan un lugar central.

> Y ya que la economía política gusta tanto de las robinsonadas, observemos ante todo a Robinson en su isla. Pese a su *innata sobriedad*, Robinson tiene forzosamente que satisfacer toda una serie de necesidades que se le presentan, y esto le obliga a ejecutar diversos trabajos útiles: fabrica herramientas, construye muebles, domestica llamas, pesca, caza etc. *Y no hablamos del rezar y de otras cosas por el estilo, pues nuestro Robinson se divierte con ello y considera esas tareas como un goce.* A pesar de toda la diversidad de sus funciones productivas, él sabe que no son más que diversas formas o modalidades del mismo Robinson, es decir, diversas manifestaciones de trabajo humano. El mismo agobio en que vive le obliga a distribuir minuciosamente el tiempo entre sus diversas funciones. El que unas ocupan más sitio y otras menos, dentro de su actividad total, depende de las dificultades mayores o menores que tiene que vencer para alcanzar el resultado útil apetecido. *La experiencia se lo enseña así, y nuestro Robinson que ha logrado salvar del naufragio reloj, libro de cuentas, tinta y pluma, se apresura, como buen inglés, a contabilizar su vida.* (Marx, *El Capital* 41, énfasis nuestro)

Desde una perspectiva paralela, Marx señala la conexión entre diversión y goce como formas existenciales de aquello que, para Robinson, queda por fuera de las actividades dirigidas a satisfacer necesidades, apareciendo el ejemplo del "rezar" como un momento de dichas formas existenciales y re-asociando lo que hay de religioso en la contabilidad del buen inglés que él encarna. Marx, como buen hijo de su época, analiza la noción de goce asociada a la de disponer/disfrutar sentidos que son claves en la sociología de los cuerpos/emociones que se puede rastrear en *El Capital*.

> He ahí los *goces que ofrece la vida a estos niños* hasta la edad de 12 o 14 años. Los padres, hundidos en la miseria y en la degradación, sólo se preocupan de sacar a los niños el mayor rendimiento posible. Al hacerse mayores, los niños no preguntan, naturalmente, por sus padres, y abandonan su casa. (Marx, *El Capital* 392, énfasis nuestro)

Es importante notar cómo en los momentos de análisis de la realidad de la explotación aparece el par goce/miseria, en tanto forma de vivencialidad que dialectiza sensibilidades; y, también, cómo, este emerger, implica la elaboración, mediante trazos complejos y mobesianos, de unas políticas de los cuerpos/emociones asociadas a los fantasmas y fantasías incluidas en la economía política de la moral.

> Sólo cuando es capital personificado tiene el capitalista un valor ante la historia y ese derecho histórico a existir que, según el ingenioso Lichnowski, no data. Sólo entonces, su propia necesidad transitoria va implícita en la necesidad transitoria del régimen capitalista de producción. *Mas para ello no ha de tomar como impulso motor el valor de uso y el goce, sino el valor de cambio y su incrementación.* Como un fanático de la valorización del valor, el verdadero capitalista obliga implacablemente a la humanidad a producir por producir y, por tanto, a desarrollar las fuerzas sociales productivas y a crear las condiciones materiales de producción que son la única base real para una forma superior de sociedad cuyo principio fundamental es el desarrollo pleno y libre de todos los individuos. El capitalista sólo es respetable en cuanto personificación del capital. Como tal, comparte con el atesorador el *instinto absoluto de enriquecerse.* Pero lo que en éste no es más que una manía individual, *es en el capitalista el resultado del mecanismo social*, del que él no es más que un resorte. (Ídem 499, énfasis nuestro)

Manía y dispositivo mecánico son algunos de los adjetivos usados para mostrar la red que la lógica práctica del capital impone al capitalista que lo personifica teniendo como origen la exclusión del goce. En consonancia con otros pasajes de *El Capital* la escena primera del capital se dibuja "por fuera" de lo que el goce como disponibilidad/disfrute implica. Se impone aquí la metáfora dramatúrgica, proximidad/distancia entre el personaje y el carácter, entre lo que el capitalista es y lo que representa.

> Pero el pecado original llega a todas partes. Al desarrollarse el régimen capitalista de producción, al desarrollarse la acumulación y la riqueza, el capitalista deja de ser una mera encarnación del capital. Siente una "ternura humana" por su propio Adán y es ya tan culto, que se ríe de la emoción ascética como de un prejuicio del atesorador pasado de moda. El capitalista clásico condena el consumo individual como un pecado cometido contra su función y anatematiza todo lo que sea "abstenerse" de la acumulación; en cambio, *el capitalista modernizado sabe ya presentar la acumulación como el fruto de la "abstinencia" y de la renuncia a su goce individual.* "Dos almas moran, ¡ay!, en su pecho, pugnando por desprenderse la una de la otra". (Ídem 500, énfasis nuestro)

La segunda escena de desarrollo del capitalismo que se desprende del pecado capital del gastar se concreta en las antípodas de la abstención que hace visible que, para Marx, la religiosidad del capital se imbrica con unas políticas de las sensibilidades.

El desarrollo del capital insta a una superación del "mero" estado de hacerse cuerpo en el capitalista y mira a ese tierno atesorador con ternura humana creando el acto inaugural de una religión, de una estructura de la sensibilidad: la pugna eterna de dos "almas" abstinencia/goce. El capitalismo claramente encuentra en la economía política de la moral su motor estructurante.

> En los orígenes históricos del régimen capitalista de producción –y todo capitalista advenedizo pasa, individualmente, por esta fase histórica– imperan, como pasiones absolutas, la avaricia y la ambición de enriquecerse. Pero los progresos de la producción capitalista *no crean solamente un mundo de goces*. Con la especulación y el sistema de crédito, estos progresos abren mil posibilidades de enriquecerse de prisa. Al llegar a un cierto punto culminante de desarrollo, se impone incluso como una necesidad profesional para el "infeliz" capitalista una dosis convencional de derroche, que es a la par ostentación de riqueza y, por tanto, medio de crédito. El lujo pasa a formar parte de los gastos de representación del capital. Aparte de que el capitalista no se enriquece, como el atesorador. en proporción a su trabajo personal y a lo que deja de gastar en su persona, sino en la medida en que absorbe la fuerza de trabajo de otros y obliga a sus obreros a abstenerse de todos los goces de la vida. Por consiguiente, aunque el derroche del capitalista no presenta nunca aquel carácter bien intencionado e inofensivo del derroche de un señor feudal boyante, pues en el fondo de él acechan siempre la más sucia avaricia y el más medroso cálculo, su derroche aumenta, a pesar de todo, a la par con su acumulación, sin que la una tenga por qué echar nada en cara a la otra. *De este modo, en el noble pecho del capitalista individual se va amasando un conflicto demoníaco entre el instinto de acumulación y el instinto de goce*. (Ídem 500, énfasis nuestro)

Hay que rastrear en la felicidad, en el derroche y el despilfarro esos ejes otros del mundo de las pasiones del capital.

Hay que buscar en la pasión el motor de las acciones, al igual que en los *Manuscritos* la sociología de la carne y los sentidos se complementan con el rol central de los impulsos entendidos como pasiones. Avaricia, ambición, acumulación son motores pasionales del enriquecimiento travestidos de imperativo morales y práctica religiosa.

La metáfora del pecho en tanto presencia de lo que aquí hemos denominado "sociología de la carne" junto con la metáfora de lo religioso a través de lo demoníaco permiten comprender las conexiones entre instintos, pasiones e impulsos en la sociología de los cuerpos/emociones en Marx y su importancia para analizar la sociedad capitalista.

Las prácticas asociadas al disfrute y al goce abren/cierran un conjunto de bandas mobesianas que aparecen en *El Capital* jugando un rol central: describir los estados de las sensibilidades que el desarrollo del capitalismo demanda y elabora configurando vivencialidades y sociabilidades. El disfrute/goce encontrará en la crueldad su anverso solidario en la construcción de lo que hay de religión en el capital.

3.2 La crueldad como rasgo de la vida del trabajador

Entre las muchas prácticas del sentir, asociadas a la vida vivida de los obreros en el marco de la explotación capitalista, la crueldad se destaca por su persistencia y profundidad. Usada por Marx como herramienta para describir la vivencia cotidiana de las formas de trabajo que configuran sociabilidades, vivencialidades y sensibilidades asociadas a la muerte. Las condiciones materiales de existencia son justamente las vivencias de un sistema que, tejiendo una sociabilidad aceptable/aceptada, elabora sensibilidades que naturalizan la desposesión. Desde la comida y la política del hambre, pasando por las condiciones de trabajo hasta la educación inicial de los hijos de los obreros, todo ello instancia institucionalmente la crueldad como par solidario del disfrute/goce/abstinencia en tanto mandato para el capitalista.

Las prácticas del sentir que hemos caracterizado en las complejas tramas entre disfrute y goce, como ejes del estado de sensibilidades asociadas a la acumulación y explotación, se entrelazan con la crueldad como forma de sociabilidad y vivencialidad encarnada por el capitalista en su personificación del capital.

La crueldad de las condiciones de existencia y de venta de su fuerza de trabajo para el obrero representa/actualiza las fuerzas fantasmales de la fatalidad que impiden percibir otro camino que la efectivización de dicha venta. Para el obrero su situación es una "cruel fatalidad".

Las crueldades del capital se entraman con diversas formas de abusos y expoliaciones que asemejan la situación de los obreros con la de los esclavos y los indios de las colonias; es en este contexto que la Ley debió salir al socorro del capitalista poniendo "límites" para continuar con la explotación.

La estructura de la crueldad en la fábricas lleva a sostener a Marx que "en esta manufactura, el Dante encontraría superadas sus fantasías infernales más crueles" con lo que es posible advertir que la crueldad como una forma burguesa de sensibilidad implica la naturalización de tormentos y despojos dignos del infierno que, al tomar cuerpo en la sociabilidad del capitalismo, pasan a formar parte de lo que en él hay de religión.

En consonancia con lo que ya hemos explorado, Marx asocia la explotación al obrero y la crueldad de la misma con las condiciones de los esclavos transfiriendo los excesos coloniales a la situación de las clases obreras en las metrópolis; cuestión que nos hace pensar, una vez más, en el rasgo de colonialidad de toda acción del capital.

No; quien dice capacidad de trabajo no dice trabajo, del mismo modo que no es lo mismo capacidad para digerir que digestión. Para digerir no basta, ciertamente, con

> tener un buen estómago. Cuando decimos capacidad de trabajo, no hacemos caso omiso de los medios de vida necesarios para alimentarla. Lejos de ello, expresamos el valor de éstos en el valor de aquélla. Y si no logra venderla, al obrero no le sirve de nada; antes al contrario, *considera como una cruel fatalidad el que su capacidad de trabajo exija una determinada cantidad de medios de vida para su producción* y siga exigiéndolos constantemente para su reproducción. (Marx, *El Capital* 126, énfasis nuestro)

Existen en la crueldad un sino de aceptación perpetua y resignación que deja al obrero a merced de sus miedos individuales: la crueldad es una vivencialidad que, devenida sensibilidad, sacraliza la explotación colectiva. La crueldad es, también, una estrategia de disuasión de clase.

> Hasta aquí, hemos observado el instinto de prolongación de la jornada, el hambre insaciable de trabajo excedente, en un terreno en que los abusos desmedidos, no sobrepujados, como dice un economista burgués de Inglaterra, por las *crueldades de los españoles contra los indios en América, obligaron por fin a atar el capital a las cadenas de la ley*. Volvamos ahora la vista a algunas ramas de la producción en que el estrujamiento de la fuerza de trabajo del obrero se halla aún, o se hallaba hasta hace poco, libre de toda traba. (Marx, *El Capital* 188, énfasis nuestro)

Son evidentes aquí la conexiones entre crueldad, canibalismo y sociabilidades como puntos que trazan unos de los triángulos que implican la explotación: la crueldad y la Ley, en tanto potestad ordenadora, se miran una a la otra en sentidos fáusticos.

> Veamos ahora cómo el capital, por su parte, concibe este sistema de 24 horas. Huelga decir que el capital pasa en silencio los excesos del sistema y sus abusos de prolongación "*cruel e inverosímil*" de la jornada de trabajo. (Marx, *El Capital* 203, énfasis nuestro)

Las condiciones de explotación son tales que la crueldad que ellas implican pasan a ser, para Marx, *inverosímiles*: van más allá de toda comprensión racional. Los grados de crueldad son procesados como excesos manteniéndolos en "silencio": la pornografía de la crueldad habla por sí sola.

> A esto, contesta el autor del Essay on Trade and Commerce: "Sí se considera como una institución divina la de santificar el séptimo día de la semana, de ello se infiere que los seis días restantes se deben al trabajo (quiere decir, como enseguida se verá, al capital), y *no se puede tildar de cruel a quien imponga este precepto divino...* Que la humanidad tiende en general, por naturaleza, a la comodidad y a la inercia, es una fatal experiencia que podemos ver comprobada en la conducta de la plebe de nuestras manufactura. (Ídem 216, énfasis nuestro)

La religiosidad de la crueldad como parte nodal de la economía política es uno de los rasgos que Marx destaca en su crítica de las prácticas burguesas. Para Marx existe una raíz de crueldad en los "métodos" de producción capitalista que no disminuye con el maquinismo ni la supuesta reducción de jornada.

> Los hechos reales, que el optimismo de ciertos economistas pretende disfrazar, son éstos: los obreros desplazados por la maquinaría se ven lanzados del taller al mercado de trabajo, donde van a aumentar el censo de las fuerzas de trabajo disponibles para la explotación capitalista. En la sección séptima, veremos que este efecto de la maquinaria, que se quiere presentar como una compensación para la clase obrera, es, por el contrario, *el látigo más cruel que azota a los trabajadores*. (Marx, *El Capital* 265-266, énfasis nuestro)

El maquinismo pega en el cuerpo, cae sobre el obrero, marca al trabajador y, lejos de ser un beneficio, lo somete a una crueldad mayor. El látigo y el azotar son metáforas de un rasgo que ya hemos adelantado, al igual que azotar a la servidumbre y al esclavo: la crueldad es ejemplificadora, es parte de una sensibilidad.

> *El efecto lógico de esto era una crueldad espantosa…* En muchos distritos fabriles, sobre todo en Lancashire, estas criaturas inocentes y desgraciadas, consignadas al fabricante, eran sometidas a las más horribles torturas, Se les mataba trabajando…, se les azotaba, se les cargaba de cadenas y se les atormentaba con los más escogidos refinamientos de crueldad; en muchas fábricas, andaban muertos de hambre y se les hacía trabajar a latigazos… (Marx, *El Capital* 645, énfasis nuestro)

La crueldad no es un resultado colateral del sistema de explotación, es la clave de los procesos de elaboración de las políticas de los cuerpos/emociones que dibujan el rostro religioso del capitalismo y constituye uno de los centros de la economía política de la moral.

> Si el dinero, según Augier, "nace con manchas naturales de sangre en un carrillo", el capital viene al mundo chorreando sangre y lodo por todos los poros, desde los pies a la cabeza. (Ídem 646)

La crueldad no es un "efecto", no es una "consecuencia, es el hacer-cuerpo-el-sistema, no hay explotación capitalista sin aceptación de la crueldad, sin forzar la resignación al destino de lo "*cruel que es la vida*"

4. *Re-apertura: Sociología de los cuerpos/emociones en Marx*

Como hemos hecho evidente, sin el lugar central y fundante de los cuerpos/emociones no es posible entender al capitalismo como un régimen de relaciones sociales que crea condiciones de sociabilidad, vivencialidad y sensibilidad para la explotación, la desposesión y la depredación.

Desde la gestión y moldeado de los sentidos que abren/cierran las posibilidades de los seres humanos para percibir el mundo, el capitalismo inaugura un sistema social basado en la captación excedentaria de energías "naturales", corporales y sociales.

En la desposesión energética de las fuerzas creadoras que anida en el desgaste de los músculos y en el cerebro, el capitalismo crea y hace pro-crear un conjunto de clases de hombres cuya desigualdad/diferencia se sostiene en sus capacidades/incapacidades cognitivo/afectivas.

En la sociedad hecha carne las condiciones de existencia, en tanto sensibilidades aceptadas y aceptables, hacen de la fuerza de trabajo no sólo la fuente de plusvalía sino, también y necesariamente, la condición de posibilidad de la reproducción del capital y de una sociedad con específicas prácticas del sentir.

En los pliegues de la banda mobesiana que implican el disfrute y el goce Marx encuentra un conjunto de prácticas donde el otro es creador y medio de disposición de una sociedad desigual que elabora su moral con base en las prácticas del mundo de las cosas, con base en la sacralización de la vida de desposesión.

Solidariamente con lo anterior, aparece la crueldad como un existenciario del capital que hace evidente las conexiones indisolubles entre el fantasma del hambre y la fantasía social de la libertad del contrato de trabajo.

La sociabilidad como prácticas sociales que se hacen carne, en tanto límites/posibilidades de la autonomía de los seres humanos comienza en la disciplina fabril, se traslada a las condiciones de habitabilidad y se condensa en los más básicos contextos de salud/enfermedad.

La vivencialidad como prácticas asociadas a las experiencias de mercantilización de la vida incluyen el ceder el disfrute del propio cuerpo a otro y la soportabilidad de condiciones de crueldad que regresan las sensaciones a parámetros de animalidad.

Las sensibilidades que implican el hacer carne la unilateralidad de la apropiación desigual del disfrute y la necesaria aceptación de la crueldad como trato social se narran, en *El Capital*, como formas sociales que facilitan la explotación y la desposesión.

Este juego entre sociabilidades, vivencialidades y sensibilidades se concreta en el esfuerzo puesto por Marx para hacernos entender que las políticas de los cuerpos/emociones ocupan un lugar central en la estructuración del sistema capitalista.

Las fábricas, los barrios de obreros, los hospitales, la vida vivida por mujeres y niños son territorios que instancian, actualizando, la expropiación de energías, experiencias de disciplina y condiciones de existencia.

El Capital constituye una pieza clave para todos aquellos que, queriendo construir una crítica radical de la sociedad, eligen, como punto de partida los cuerpos/emociones.

La exposición realizada por Marx en *El Capital* deja en claro que, para poder explicar la expropiación excedentaria de la fuerza de trabajo y la plusvalía, para dar cuenta de los procesos de acumulación y las modalidades de reproducción del capital, el autor transita por una hermenéutica crítica de las políticas de los cuerpos y las emociones.

Notas

1) Tal como lo hemos hecho en el Capítulo anterior para una lectura preliminar sobre "sociología de los cuerpos y la emociones" referimos al lector a: Hochschild, A. R., *The Managed Heart. Commercialization on Human Feeling* (Twentieth Anniversary Edition, 2003); Illouz, E., *Intimidades congeladas. Las emociones en el capitalismo* (Madrid: Katz, 2007); Kemper, Th. D., "How Many Emotions Are There? Wedding the Social and the Autonomic Components", *The American Journal of Sociology* (93, 2), 1987: 263-289; Scheff, T. J., "Social-emotional world: Mapping a continent", *Current Sociology* (59, 3), 2011: 347–361; Scribano, A., "Cuerpos, Emociones y Sociedad: Una lectura desde Walter Benjamin", *Dossiê Sociologia e Antropologia dos Corpos e das Emoções da RBSE – Revista Brasileira de Sociologia da Emoção* (11, 33), 2012: 674-696.
2) Scribano, A., "Filosofía de las ciencias sociales y estudios sociales sobre los cuerpos", en Cecilia Hidalgo y Verónica Tozzi, comps., *Filosofía para la ciencia y la sociedad. Indagaciones en honor a Félix Gustavo Schuster* (Buenos Aires: CICCUS-CLACSO, 2010), 205-219; Scribano, A., "Cuerpo, Emociones y Teoría Social Clásica. Hacia una sociología del conocimiento de los estudios sociales sobre los cuerpos y las emociones", en José Luis Grosso y María Eugenia Boito, comps., *Cuerpos y Emociones desde América Latina* (Córdoba: CEA-CONICET, 2010), 15-38; Scribano, A., comp., *Teoría Social, Cuerpos y Emociones* (Buenos Aires: Estudios Sociológicos Editora, 2013).

SEGUNDA PARTE

Capítulo III Con el sudor de tu frente: una sociología de los cuerpos/emociones en Marx desde la comida y el hambre

> "Es cierto que la leyenda del pecado original teológico nos dice que el hombre fue condenado a ganar el pan con el sudor de su frente; pero la historia del pecado original económico nos revela por qué hay gente que no necesita sudar para comer."
>
> Marx, *El Capital* 667

1. Introducción

El mundo contemporáneo tiene en el hambre uno de sus desafíos centrales y en la "espectacularización de la cocina de autor" uno de los ejes por donde pasa la pornografía de unas sociedades normalizadas en el disfrute inmediato. La distribución desigual (y la apropiación unilateral y diferencial) de nutrientes es una contante del Sur Global que convive con la mercantilización de las "comensalidades distinguidas" en tanto prácticas del sentir masificadas que venden las experiencias del comer.

En el contexto anterior es posible reparar que las condiciones materiales de existencia y los rasgos del ser social que condicionan la consciencia son el resultado dialéctico que genera la estructura de las sensibilidades aceptadas y aceptables. Condiciones y rasgos que tienen su punto en común en los objetos/alimentos que construyen el cuerpo, en los sentidos que se articulan con el ambiente y en los recursos para generar energías.

Para que una crítica a la gestión de la población capitalista sea posible se debe realizar un análisis de las formas de restaurar las energías de las mismas: la comida. Para realizar una crítica inmanente a la gestión de trabajo en el capitalismo hay que elaborar un análisis del hambre como institución social.

Hambre, comida y alimentación son ejes analíticos elementales para comprender las mutaciones de las políticas de los cuerpos/emociones que el capitalismo genera en sus diversos procesos de metamorfosis.

Una manera de comprender la centralidad de las prácticas del comer en el análisis de Marx es poner en relación las condiciones objetivas/subjetivas de la creación de energías corporales, las cualidades materiales y nutricionales de los alimentos y el gasto energético que se produce en el trabajo.

Es en este contexto que resulta relevante preguntarse por el lugar de la comida y del alimentarse en la teoría social en general y, en especial, en el legado de Marx que posibilita estructurar una sociología de los cuerpos/emociones.[1]

El presente capítulo tiene por objetivo mostrar, de un modo introductorio, cuál es el lugar del comer/alimentarse en la sociología de los cuerpos/emociones en Marx. La estructura argumentativa que se ha seleccionado es la siguiente: a) se analizan algunos textos de diferentes obras del autor enfatizando su análisis sobre el comer/alimentarse y b) se extraen algunas preguntas a modo de conclusión en conexión con la situación de la temática en el contexto actual del Sur Global.

Se termina argumentado a favor de la necesidad de recorrer los caminos que se transitan entre la desigualdad en la distribución de nutrientes y la diferencia en la mercantilización de la experiencia del comer.

En los capítulos anteriores se ha sostenido la existencia de una sociología de los cuerpos/emociones en los escritos de Marx, tomando como punto de partida a *El Capital* y los *Manuscritos Económicos-Filosóficos* de 1844, en los cuales se afirmó que, dicha sociología, cumple un rol fundamental en la crítica marxista sobre los procesos de depredación/desposesión.

Centrado, en tanto vector analítico-hermenéutico, en un rastreo sobre el lugar que tienen en *El Capital* (Tomo I), se han descripto las políticas de los cuerpos/emociones que allí aparecen. En esa dirección, la identificación e interpretación de los textos realizada se enhebró a través de lo que Marx elabora respecto al capitalismo como religión y los puntos nodales de la economía política de la moral. Se ha sostenido que la dialéctica de la presentación de Marx en *El Capital* implica la trama de un triple juego entre a) la crítica a la economía política (de la moral) en sus contenidos "teóricos" como prácticas que devienen imperativos sociales, b) el análisis de las formas de explotación que se anclan en los cuerpos/emociones en tanto construcción de sensibilidades, y c) un conjunto de prácticas del sentir que "encarnan" prácticas ideológicas.

Por otro lado se ha rastreado, en los *Manuscritos* del 44, una especial trama entre corporalidad, emocionalidad y sensaciones. Dicha trama se hilvana desde tres ejes transversales que el autor usa, una y otra vez, a lo largo de toda su obra: las conexiones entre necesidades, prácticas y sentidos, las relaciones entre actividad humana, sentidos y expropiación y la articulación entre moral, economía política y sensibilidades.

En el presente capítulo se continúa la exploración aludida sumando más evidencia al respecto, ahora teniendo como ejes transversales de diversos textos de Marx respecto al hambre, la comida y la alimentación.

2. Hambre, comida y nutrición en Marx

Es una obviedad que Marx, a quien le interesó/analizó la situación de explotación de la clase obrera, reparara en el hambre y la nutrición. Lo que sigue es una presentación sumaria de algunos textos del autor donde es posible constatar cómo dicha problemática se inscribe en la centralidad opera en su obra una sociología de los cuerpos/emociones.

2.1 La nutrición y el hambre como productoras de subjetividades

La centralidad del hambre, como el indicador básico de la explotación capitalista, es un recurso recurrente de Marx en sus caracterizaciones sobre las condiciones materiales de existencia de los obreros ingleses.[2] Pero, además, es posible encontrar en las situaciones de hambre un hilo comunicante muy especial por donde Marx hace pasar las múltiples conexiones entre cuerpo/naturaleza.

> El *hambre* es una *necesidad* natural; necesita, pues, una *naturaleza* fuera de sí, un *objeto* fuera de sí, para satisfacerse, para calmarse. El hambre es la necesidad objetiva que un cuerpo tiene de un *objeto* que está fuera de él y es indispensable para su integración y exteriorización esencial. (Marx, *Manuscritos* 194, énfasis nuestro)

En diferentes textos, Marx señala claramente cómo la nutrición construye el cuerpo de los seres humanos especialmente cuando a dicha elaboración se le inscribe en las formas de producción/consumo de los seres humanos. En esta dirección es importante reparar en, al menos, dos procesos concomitantes: la arista del consumo que produce subjetividades y la centralidad de las nutrientes, como factor social, que implica la constructibilidad de los cuerpos.

> Es claro que en la nutrición, por ej., que es una forma de consumo, el hombre produce su propio cuerpo. Pero esto es igualmente cierto en cualquier otra clase de consumo que, en cierto modo, produce al hombre. (Marx, *Elementos fundamentales para la crítica de la economía política* 11)

Marx ve, claramente, en la conexión sensaciones y sensibilidades un eje central de las articulaciones dialécticas entre producción y consumo sirviendo el hambre como proceso/metáfora/ejemplo de las aludidas conexiones:

> El hambre es hambre, pero el hambre que se satisface con carne guisada, comida con cuchillo y tenedor, es un hambre muy distinta del que devora carne cruda con las manos, uñas y dientes. No es únicamente el objeto de consumo, sino también el modo del consumo, lo que la producción produce no sólo objetiva sino también subjetivamente. La producción crea, pues, al consumidor. (Marx, *Elementos fundamentales para la crítica de la economía política* 2)

El sistema capitalista de producción es presentado desde la lógica de las diferencias entre hambres, entre las modalidades del consumo que aproximan/distancian a los seres humanos y los animales. El aferrarse a la materialidad de la carne con las "interfaces" fisiológicas para los sentidos del tacto y el gusto en su modalidad más animalizada es usado por Marx para señalar en dirección de la distinción/diferencia que se introduce entre los seres humanos desde el comer. Los crudos sentidos a flor de piel enfrentados con la distancia que proponen los utensilios del comer se reflejan en "modos de consumo" que construyen subjetividades.

Las distancias entre los animales y los seres humanos son redefinidas por el sistema de trabajo asalariado que, como trama de las relaciones capitalistas, produce prácticas del sentir cada vez menos humanas:

> De esto resulta que el hombre (el trabajador) sólo se siente libre en sus funciones animales, en el comer, beber, engendrar, y todo lo más en aquello que toca a la habitación y al atavío, y en cambio en sus funciones humanas se siente como animal. Lo animal se convierte en lo humano y lo humano en lo animal. Comer, beber y engendrar, etc., son realmente también auténticas funciones humanas. Pero, en la abstracción que las separa del ámbito restante de la actividad humana y las convierte en un único y último, son animales. (Marx, *Manuscritos* 152)

Las funciones humanas son reducidas a su sustrato más animalizado de forma tal que se elaboran (y transforman) en prácticas del sentir desde donde dichas funciones "se sienten como animal". Nuevamente: el comer es puesto como uno de los bordes por donde se trastoca y metamorfosea lo humano en animal.

Puesto como borde entre la existencia concreta y abstracta, el hambre inaugura el límite más social de lo que hay de fisiológico en el comer.

> Para el hombre que muere de hambre no existe la forma humana de la comida, sino únicamente su existencia abstracta de comida; ésta bien podría presentarse en su forma más grosera, y sería imposible decir entonces en qué se distingue esta actividad para alimentarse de la actividad animal para alimentarse. (Marx, *Manuscritos* 150)

La forma humana de comida traza los límites entre lo grosero, en tanto umbral de humanidad, y la mera forma animal de "existir-en-la-comida". Es evidente que para Marx el alimentarse es un capitulo y no el menor de la elaboración de las sensibilidades humanas. Los cuerpos/emociones distribuidos en geometrías de los cuerpos y gramáticas de las acciones particulares atestiguan las zonas por donde la humanidad y la animalidad co-bordean, contingentemente, sus superficies de inscripción diferenciales.

2.2 Comer, desposesión y riqueza

Los espacios entre el reino de la libertad y el reino de la necesidad se cubren, en la explotación capitalista, del manto de mera falta imperativa del comer en tanto el horizonte más elemental de la subsistencia.

> Ninguno de sus sentidos continúa existiendo, no ya en su forma humana, pero ni siquiera en forma inhumana, ni siquiera en forma animal. Retornan las más burdas formas (e instrumentos) del trabajo humano como la calandria de los esclavos romanos, convertida en modo de producción y de existencia de muchos obreros ingleses. No sólo no tiene el hombre ninguna necesidad humana, es que incluso las necesidades animales desaparecen. El irlandés no conoce ya otra necesidad que la de comer, y para ser exactos; la de comer patatas, y para ser más exactos aún sólo la de comer patatas enmohecidas, las de peor calidad. (Marx, *Manuscritos* 158)

El proceso de expropiación de los trabajadores implica la cancelación de la existencia de los sentidos en su forma humana y, con ello, se instancia la elaboración de dispositivos de regulación de las sensaciones que cincelan los umbrales más burdos de la explotación. Por esta misma vía, los mecanismos de soportabilidad social construyen la "aceptabilidad", incluso del olvido, de lo que hay de animalidad en la necesidad. Las políticas de las sensibilidades involucran el reducir el "acto de comer" a lo que "se-puede-comer", como único marco reconocible de lo que ello implica: para el ser humano, desecho de sus sentidos, sólo objetos desechados en estado de descomposición. Así, el comer no es alimentarse humanamente.

Los sentidos humanos están reservados para los que tienen riqueza, poder y conocimiento a través del "manejo" del dinero. La desigualdad instituye la diferencia.

> Todo (XVI) lo que el economista te quita en vida y en humanidad te lo restituyen en dinero y riqueza, y todo lo que no puedes lo puede tu dinero. Él puede comer y beber, ir al teatro y al baile; conoce el arte, la sabiduría, las rarezas históricas, el poder político; puede viajar; puede hacerte dueño de todo esto, puede comprar todo esto, es la verdadera opulencia. (Marx, *Manuscritos* 160)

La opulencia de poder traspasar los límites del comer, como ancla en la pura necesidad animal, es remitida por Marx como un indicador básico de lo que la acumulación unilateral de riqueza puede lograr en términos de las sensibilidades sociales.

El hambre es y ha sido un hurto. Desde la mercantilización del tiempo y la desposesión de vida vivida que implica el régimen de trabajo asalariado, los incrementos en las ganancias del capitalista tenían, en el comer, un momento más donde rapiñar mayor desposesión.

> Para muchos fabricantes, esa ganancia extraordinaria que puede obtenerse alargando el trabajo por encima de la jornada legal es una tentación irresistible. Especulan sobre

la probabilidad de que no serán descubiertos y se hacen cuenta de que, aunque los descubran, la insignificancia de las multas y de las costas judiciales les dejará todavía un saldo gananciosó" "Allí donde el tiempo abusivo se consigue por medio de la multiplicación de pequeños hurtos (a multiplication of small thefts) al cabo del día, los inspectores tropiezan con dificultades de prueba casi insuperables". Estos "pequeños hurtos" inferidos por el capital al tiempo de que el obrero dispone para comer y descansar son calificados también por los inspectores de fábrica como "petty pilferings of minutes", raterías de minutos "snatching a few minutes", escamoteo de unos cuantos minutos, o, para emplear el lenguaje técnico de los obreros, nibbling and cribbling at meal times [pellizcar y mordisquear las horas de las comidas]. (Marx, *El Capital* 187)

Como es fácil observar, "las horas de las comidas" se instituían como un robo minuto a minuto, instante a instante, donde literalmente los "fabricantes" se comían (pellizcar y mordisquear) el tiempo de los obreros. Dada la posición de básica "función" restauradora del comer, Marx se encarga de enfatizar su conexión directa con la explotación.

El sistema de apropiación excedentaria del capitalismo tiene, en la nutrición, uno de sus ejes más relevantes a la hora de narrar la situación de las clases trabajadoras. Jornaleros, obreros urbanos, sus mujeres y niños, las mujeres y los niños trabajadores, todos ellos comparten la situación de desnutrición.

Entre los miembros de la familia de estos jornaleros, los más desnutridos eran, generalmente, la mujer y los niños, pues "el marido tiene que comer para poder trabajar". Pero todavía era peor la penuria reinante entre las categorías de obreros urbanos investigadas. "Están tan desnutridos que necesariamente tienen que presentarse muchísimos casos de cruel y malsana privación" (¡he ahí la "abstinencia" del capitalista que, en efecto, se abstiene de pagar hasta los víveres indispensables para que los brazos que trabajan para él puedan llevar una existencia meramente vegetativa!)... La tabla siguiente indica la relación entre el estado de nutrición de las categorías obreras puramente urbanas a que nos hemos referido más arriba y el tipo mínimo fijado por el Dr. Smith, y el grado de nutrición de los obreros algodoneros durante la época de mayor penuria. (Marx, *El Capital* 556)

La depredación de las energías corporales ha sido y es uno de los eslabones básicos de las políticas de los cuerpos y de las emociones del capitalismo. La tensión nutrición/desnutrición/existencia constituye el anverso necesario de la triada abstinencia/despilfarro/consumo que marca el lugar del comer/alimentarse en la economía política de la moral. La penuria es el color de la existencia del obrero y la abundancia, la del patrón.

Las condiciones materiales del existir comienzan y recomienzan en las formas del comer/alimentarse y dichas formas están marcadas por los procesos de producción/distribución desigual de nutrientes.

> La íntima conexión que existe entre las angustias del hambre que pasan las capas obreras más laboriosas y la disipación, tosca o refinada, de la gente rica basada en la acumulación capitalista, sólo se le revela a quien conozca las leyes económicas. (Marx, *El Capital* 557)

En el marco de las penurias que acercan a los obreros con los meros sentidos animales se elabora la "angustia del hambre" como marca de la vivencia desde la carencia de energías/nutrientes. La pérdida de energía que implica el hambre elabora la entera espiral entre percepciones, sensaciones y emociones en tanto una política de la sensibilidad. La disipación y el derroche no sólo están vinculados a la angustia, son sus condiciones de posibilidad.

Los procesos de apropiación diferencial y desigual de nutrientes han sido y son una marca para la producción de los cuerpos/emociones implicando dos aspectos del comer/alimentarse: la comida no alimenta y el alimento no nutre. Es por esta vía que Marx enfatiza que el régimen de comida/alimentación de los obreros "no cubre" ni la reposición de energía ni la reproducción de los cuerpos. "Las enfermedades nacidas del hambre" constituyen los componentes "co-bordantes" de la desnutrición como marca de la "deshumanización".

> El lector conoce ya los resultados generales a que llegó en 1863 la Comisión médica encargada de investigar el estado de nutrición de las clases del pueblo mal alimentadas. Y recordará que la cantidad de alimentos de un gran número de familias de obreros agrícolas es inferior al nivel mínimo necesario "para prevenir las enfermedades nacidas del hambre". Es lo que ocurre, principalmente, en todos los distritos puramente agrícolas de Cornwall, Devon, Somerset, Wilts, Stafford, Oxford, Berks y Herts. "El alimento que ingiere personalmente el obrero del campo –dice el Dr. Simon– es superior a lo que indica el tipo medio, pues a él se le da, por ser indispensable para su trabajo, una ración mayor que a los demás miembros de su familia; en los distritos pobres, casi toda la carne o el tocino se lo come él. La cantidad de alimento que corresponde a la mujer, y lo mismo a los niños en la época de su rápido desarrollo, es, en muchos casos y en casi todos los condados, insuficiente, sobre todo por lo que se refiere a las sustancias "nitrogenadas". (Marx, *El Capital* 577)

Es claro que la desigualdad entre los seres humanos comienza con la alimentación de mujeres y niños y se "juega" en la cantidad y calidad de nutrientes (en especial de proteínas). La cita que realiza aquí Marx del Dr. Simon hace notar su conciencia sobre las políticas de los cuerpos/emociones que implica el capitalismo, conformando un punto de partida nodal de la explotación. Niveles mínimos de comida y más mínimos aun de alimentación, que Marx retoma, a través la insuficiencia de "sustancias nitrogenadas", son los bordes que colorean el mundo de la vida, las condiciones de materiales de existencia y los dispositivos de regulación de las sensaciones de los que sufren las angustias del hambre.

Tan consciente es Marx del lugar del hambre en la estructuración de las relaciones capitalista que en *Las luchas de clases en Francia* escribe:

> La plaga de la patata y las malas cosechas de 1845 y 1846 avivaron la efervescencia general en el pueblo. La carestía de 1847 provocó en Francia, como en el resto del continente, conflictos sangrientos. ¡Frente a las orgías desvergonzadas de la aristocracia financiera, la lucha del pueblo por los víveres más indispensables! ¡En Buzançais, los insurrectos del hambre ajusticiados [29]! ¡En París, estafadores más que hartos arrancados a los tribunales por la familia real! (49)

El capitalismo, desde siempre, ha dibujado el curso de la historia recorriendo los horrendos caminos que conectan/separan el mundo de los que "despilfarran", con el mundo de los que apenas comen y sufren las angustias de los hambres posibles.

2.3 Hambre, crueldad y colonialidad

Otro aspecto que Marx resalta de modos diversos es la conexión entre el hambre como parte de una política de los cuerpos, la crueldad como elemento fundante de una sensibilidad del despojo y las modalidades coloniales de gestión de cuerpos.

> *Las necesidades naturales, el alimento, el vestido, la calefacción, la vivienda,* etc., varían con arreglo a las condiciones del clima y a las demás condiciones naturales de cada país. Además, el volumen de las *llamadas necesidades naturales*, así como el modo de satisfacerlas, son de suyo un producto histórico que depende, por tanto, en gran parte, *del nivel de cultura de un país y, sobre todo, entre otras cosas, de las condiciones, los hábitos y las exigencias con que se haya formado la clase de los obreros libres.* A diferencia de las otras mercancías, la valoración de la fuerza de trabajo encierra, pues, un elemento histórico moral. Sin embargo, en un país y en una época determinados, la suma media de los medios de vida necesarios constituye un factor fijo. (Marx, *El Capital* 124, énfasis nuestro)

La gestión de los alimentos y el conjunto de medios de vida dependen de la cultura/modalidad de clase y es central, para su valoración, comprenderlos como "un elemento histórico moral" dicho de otro modo: las prácticas del comer constituyen, junto al hambre, pistas elementales para comprender el funcionamiento del sistema capitalista.

> *Durante tres generaciones de la raza inglesa, ha devorado nueve generaciones de obreros del algodón.* Cierto es que en épocas aisladas de auge febril, el mercado de trabajo no basta a cubrir la demanda de brazos. Así ocurrió, por ejemplo, en 1834. Pero, en

aquella ocasión, los señores fabricantes propusieron a los Poor Law Commissioners enviar al Norte la "población sobrante" en los distritos agrícolas, con la promesa de que "los fabricantes la absorberían y consumirían". Fueron sus propias palabras. "Se enviaron a Manchester agentes con la autorización de los Poor Law Commissioners. Se redactaron y entregaron a estos agentes listas de obreros agrícolas. Los fabricantes corrieron a las oficinas y, después, de elegir lo que más les convenía, les fueron expedidas las familias desde el sur de Inglaterra. Estos *paquetes humanos* se facturaron, provistos de etiquetas como fardos de mercancías, por el Canal y en carros y camiones; algunos seguían a la expedición renqueando, a pie, y no pocos rondaban, perdidos y medio hambrientos, por los distritos industriales. De este modo, fue desarrollándose una verdadera rama comercial. (Marx, *El Capital* 209-210, énfasis nuestro)

La racialización segregante operada sobre la clase obrera inglesa se concreta, modalmente, como una antropofagia generacional que hace de dicha clase "mera carne en venta", fardos humanos a disposición del capital. El hambre es el denominador común de la lucha por la supervivencia de clases e individuos, en la instauración del sistema de explotación capitalista.

Este comercio regularizado, *este tráfico de carne humana*, seguía su curso, y aquellas gentes eran compradas y vendidas por los agentes de Manchester a los fabricantes manchesterianos con la misma regularidad con que se venden los negros a los plantadores de algodón de los Estados del Sur... (Marx, *El Capital* 210, énfasis nuestro

La política del hambre como eje de la política de los cuerpos es asociada, directamente por Marx, con las conexiones entre nutrientes, energías y sensibilidades. Una "sociología de la carne" que deja ver cómo el análisis de su producción/reproducción en su doble dirección, tanto como insumo (alimento) para el trabajador o como condición de posibilidad del capital.

Como antes de entrar en el proceso de producción el obrero es despojado de su propio trabajo, que el capitalista se apropia e incorpora al capital, durante el proceso este trabajo se materializa constantemente en productos ajenos. Y como el proceso de producción es, al mismo tiempo, proceso de consumo de la fuerza de trabajo por el capitalista que la adquiere, el producto del obrero no sólo se transforma constantemente en mercancía, sino también en capital, en valor que absorbe y se asimila la fuerza creadora de valor, *en medios de vida capaces de comprar personas*, en medios de producción aptos para emplear a quien los produce. Es decir, que el propio obrero produce constantemente la riqueza objetiva como capital, como una potencia extraña a él, que le domina y le explota, y el capitalista produce, no menos constantemente, la fuerza de trabajo como fuente subjetiva de riqueza, *separada de sus mismos medios de realización y materialización, como fuente abstracta que radica en la mera corporeidad del obrero*, o, para decirlo brevemente, el obrero como obrero asalariado. Esta constante reproducción o eternización del obrero es el sine qua non (114) de la producción capitalista. (Marx, *El Capital* 480, énfasis nuestro)

El sistema capitalista se sostiene en un conjunto de movimientos que implican la reproducción de los cuerpos como condición de su existencia, que involucran mantener separada la aludida reproducción, de la adquisición de los medios por parte del trabajador de modo autónomo, y que dan por sentado la absorción de toda la fuerza del obrero, en tanto generadora de riqueza. Es así como el procurar, administrar y reproducir energías son elementos centrales del desarrollo capitalista.

> El poseedor de la fuerza de trabajo es un ser mortal. Por tanto, para que su presencia en el mercado sea continua, como lo requiere la transformación continua de dinero en capital, es necesario que el vendedor de la fuerza de trabajo se perpetúe, "como se perpetúa todo ser viviente, por la *procreación*". Por lo menos, habrán de reponerse por un número igual de fuerzas nuevas de trabajo las que retiran del mercado el desgaste y la muerte. La suma de los medios de vida necesarios para la producción de la fuerza de trabajo incluye, por tanto, los medios de vida de los sustitutos, es decir, de los hijos de los obreros, para que esta raza especial de poseedores de mercancías pueda perpetuarse en el mercado. (Marx, *El Capital* 125, énfasis nuestro)

La reproducción de la suma de medios de vida necesarios: comida, bebida, vestimenta, etc. debe incluir las generaciones de futuros obreros que son su propia prole. El proletariado es la consecuencia de una política de los cuerpos/emociones orientada a la reproducir a ser viviente que asegure la existencia del sistema.

> He aquí, ahora, como se expresaba Bernard de Mandeville a comienzos del siglo XVIII: "Allí donde la propiedad está suficientemente protegida, sería más fácil vivir sin dinero que sin pobres, pues ¿quién, si éstos no existiesen, ejecutaría los trabajos?... *Y, si bien hay que proteger a los obreros de la muerte por hambre, no se les debe dar nada que valga la pena de ser ahorrado*. Sí, de vez en cuando, un individuo de la clase inferior, a fuerza de trabajo y de privaciones, se remonta sobre el nivel en que nació, nadie le debe poner obstáculos: es indudable que el plan más sabio para cualquier individuo o cualquier familia dentro de la sociedad, es la vida frugal; pero todas las naciones ricas están interesadas en que la mayor parte de los pobres, sin permanecer en la ociosidad, gasten siempre todo lo que ganan... Los que se ganan la vida con su trabajo diario no tienen más estímulo que sus necesidades, que es prudente moderar, pero que sería insensato suprimir. *Lo único que puede espolear el celo de un hombre trabajador es un salario prudencial. Si el jornal es demasiado pequeño puede, según su temperamento, desanimarle o moverle a desesperación; si es demasiado grande, puede hacerle insolente y vago...* De lo dicho se desprende que en un país libre, en el que no se consiente la esclavitud, la riqueza más segura está en una muchedumbre de trabajadores pobres y aplicados. Aparte de que son la cantera inagotable que nutre las filas del ejército y la

marina, sin ellos no habría disfrute posible ni podrían explotarse los productos de un país. (Marx, *El Capital* 519, énfasis nuestro)

La cita que presenta Marx es un diagrama de las prácticas de sentir asociadas, en tanto sensibilidades, a unas sociabilidades aceptables: la privación como estímulo a una vida adecuada. Para mantener al obrero en su condición de dependencia debe gerenciarse cuotas de hambre y umbrales de ahorros apropiados. Por ello, el salario debe ser diseñado según dos pares de estados emocionales opuestos desánimo/desesperación o insolencia/holgazanería. Una política del hambre es una política de los cuerpos/emociones dibujada entre prácticas del sentir y estados emocionales.

La concurrencia prepotente de la máquina bate en retirada a los obreros manuales más flojos. En Londres, *los crueles y espantosos progresos de la muerte por hambre* (death from starvation) discurren, durante los últimos diez años, paralelamente con la expansión de la costura a máquina. (Marx, *El Capital* 394, énfasis nuestro)

Para Marx "los crueles y espantosos progresos de la muerte por hambre" van a la par del desarrollo del maquinismo y de la naturalización de las sensibilidades, a ello asociada. La crueldad es parte de unas políticas de las emociones donde el capitalista opera desde la codicia y el egoísmo. Es obvio que las paradojas de la abstinencia, en los dos escenarios de la personificación del capital que ya hemos descripto, guardan una condición de anverso solidario y explicativo con la crueldad como forma de la fuente de ganancias.

En las plantaciones destinadas exclusivamente al comercio de exportación, como en las Indias Occidentales, y en los países ricos y densamente poblados, entregados al pillaje y a la matanza, como México y las Indias Orientales, era, naturalmente, donde el trato dado a los indígenas *revestía las formas más crueles*. Pero tampoco en las verdaderas colonias se desmentía el carácter cristiano de la acumulación originaria. (Marx, *El Capital* 640, énfasis nuestro)

El colonialismo, como parte indisoluble del desarrollo del capital, "embaraza" las políticas de las emociones del capitalismo instalando, a la crueldad, como "forma de trato" (sociabilidad), situación de vida (vivencialidad) y prácticas del sentir (sensibilidad).

El volumen de colonialidad, inoculado en los procesos de acumulación originarios, debe hacer pensar sobre el destino posterior de los mismos, al reaparecer bajo formas novedosas de crueldad que comparten la intensidad y los destinatarios.

Pero todavía era peor la penuria reinante entre las categorías de obreros urbanos investigadas. "Están tan desnutridos que necesariamente tienen que presentarse muchísimos casos de cruel y malsana privación" (¡he ahí la "abstinencia" del capitalista, que, en efecto, se *abstiene de pagar* hasta los víveres indispensables para que los brazos que trabajan para él puedan llevar una existencia meramente vegetativa!). (Marx, *El Capital* 556, énfasis nuestro)

La "crueldad espantosa" de las condiciones de vida de los obreros, mujeres y niños expoliados por el capital constituye unas sensibilidades tejidas entre los suplicios, el hambre y la muerte como formas de las vivencialidades del capital.

3. A modo de apertura final

Es evidente, siguiendo las citas aquí expuestas, que, en la sociología de los cuerpos/emociones de Marx, la comida/alimentación ocupa un lugar central. También es fácil aceptar cómo, en Marx, las conexiones entre animalidad, desnutrición y angustia traman un conjunto de sensibilidades de importancia crucial para la estructuración de las relaciones sociales en el capitalismo. Del mismo modo, se puede advertir, claramente, la importancia fundante que tiene, para Marx, el análisis de las condiciones de existencia de los cuerpos/emociones.

Es en este contexto que, partiendo de Marx, es posible preguntarse por las conexiones/desconexiones entre el hambre y la situación del comer asistido, y las comensalidades de la cocina de autor. Estos dos reinos, aparentemente separados por un abismo, el del "comer-lo-que-se-pueda" y/o "me dan", y el del "tener-la-experiencia-de-comer", como signo de distinción, se vinculan mucho más de lo que parece/aparece.

También se pueden formular las preguntas sobre por qué el restaurante ya no restaura y por qué la comida no alimenta creando, estas dos prácticas, muros mentales y "laberintos de experiencias" en nuestras ciudades. En el mismo sentido, adquiere relevancia indagar las distancias/proximidades entre "el comer en casa", "comer en el comedor del barrio" y comer en un "resto" en tanto prácticas del sentir.

Se abre, en la misma dirección, la necesidad de recorrer los caminos que se transitan entre la desigualdad en la distribución de nutrientes y la diferencia en la mercantilización de la experiencia del comer. La sociología de los cuerpos/emociones, elaborada por Marx, nos abre la puerta para explorar la angustia del hambre y el disfrute del comer.

Notas

1) En otros trabajos hemos dado cuenta de las diversas formas de los principales enfoques y perspectivas en el campo de los estudios sociales sobre cuerpos/emociones tanto en Argentina como en un contexto más global; ver: A. Scribano, "Cuerpo, Emociones y Teoría Social Clásica. Hacia una sociología del conocimiento de los estudios sociales sobre los cuerpos y las emociones", en José Luis Grosso y María Eugenia Boito, comps., *Cuerpos y Emociones desde América Latina* (Córdoba: CEA-CONICET, 2010), 15-38; A. Scribano, "Filosofía de las ciencias sociales y estudios sociales sobre los cuerpos", en Cecilia Hidalgo

y Verónica Tozzi, comps., *Filosofía para la ciencia y la sociedad. Indagaciones en honor a Félix Gustavo Schuster* (Buenos Aires: CICCUS-CLACSO, 2010), 205-219; y A. Scribano, comp., *Teoría Social, Cuerpos y Emociones* (Buenos Aires: Estudios Sociológicos Editora, 2013) .
2) Como ejemplo, cfr. Capítulo XXIII de Marx, *El Capital*.

Capítulo IV Lo popular y lo subalterno: Una mirada desde la perspectiva de Marx

I.   Contexto de reflexión e introducción

La discusión popular, élite, subalternidad y dominación, tiene, en Argentina, una larga historia y un complejo presente. Desde los trabajos de Milcíades Peña sobre masas y caudillos,[1] los estudios de Jorge Abelardo Ramos respecto a masas y revoluciones,[2] pasando por las indagaciones de Néstor García Canclini sobre las culturas populares en el capitalismo[3] o los escritos sobre medios de comunicación y cultura popular en A. Ford et al.,[4] hasta llegar a la actual disputa sobre lo plebeyo en la sociología de la cultura actual[5], la problemática de qué considerar popular es una clave de lectura recurrente.

En el marxismo, en general, han existido, también, múltiples interpretaciones y vías de acceso al contenido e historia de lo popular y a su conexión con los procesos y sujetos revolucionarios: Georg Lukács,[6] Antonio Gramsci[7] y E. P. Thompson.[8]

Es justamente Marx quien, desde el inicio de su obra, deja en claro que son el proletariado y la lucha de clases, por él encabezada, los encargados de parir nuevos mundos más allá de la pluralidad de fracciones, de las posiciones tácticas y de las condiciones históricas particulares. Recordándole a lector que en este libro se exploran las huellas relacionales e indeterminadas de Marx, en éste capítulo nos permitimos explorar, de modo muy irreverente y sintético, cómo es posible comprender lo popular y subalterno desde la sociología de las emociones, por él provista.

Estamos en los albores del siglo XXI en el Sur Global, en general, y en Latinoamérica, en particular, y nos seguimos preguntando por el contenido y la forma de lo popular. No hay manera de indagar qué sea lo popular, sino desde aquello que lo invisibiliza y demoniza, como lo es la fuerza del estado del capitalismo en la actualidad. No hay muchas vías de esclarecimiento posible sin la tematización de la estructura de clase de las actuales sociedades dependientes y coloniales.

Si lo popular no se reduce a lo masivo, si no se puede acotar a lo *folk*, si no es sinónimo de pueblo, si no se puede resolver en lo marginal-marginado, si no es posible ser limitado en sus oposiciones a lo culto: ¿Cuáles son los elementos que caracterizan lo popular al comienzo del siglo XXI? Sin pretensión alguna de exhaustividad ni universalización y, menos aún, desde ninguna postura que implique romanticismo y miserabilismo alguno, en lo que sigue intentaremos dar respuesta a la pregunta formulada. Como pista analítica que permita armar y re-armar dicha respuesta, presentaremos cinco (anti)tesis sobre las bandas mobesianas que re-articulan los rasgos de lo popular, hoy.

La estrategia de escritura es muy simple: a) se han agrupado en cinco tesis algunas pistas para "captar" lo popular y b) se presentan algunas conclusiones de carácter político-metodológico. Se opera desde y con un conjunto de citas "traídas" al pie, como testimonio de lo que se pretende sostener.

El presente capítulo es una mirada, al sesgo, desde los artículos que componen el libro en el cual se incluyen; no es un punto final, es una coma en las gramáticas interdiccionales de una academia post-independentista; no es un cierre, es uno de los posibles deslizamientos de las múltiples bandas de moebio que se abren sobre el tema. Tiene la pretensión de ser un escrito teórico y, por ello, especialmente político.

II. *Cinco (anti)tesis sobre una caracterización posible de lo popular en la actualidad*

Desde los meandros de la razón académica, vuelta fragmentación operante, bosquejamos aquí -a modo de contracaras productoras de aperturas interpretativas- cinco tesis que justamente buscan ser lo opuesto a la modelación unificadora. Se convocan, una y otra vez, las metáforas de la banda mobesiana, la red y la espiral, para dar con las imágenes posibles de una dialéctica de lo popular.

II.1. *Lo popular se entiende en el contexto de unas relaciones de clases particulares*

Hoy, más que nunca, el mundo es un sistema de relaciones de clases. Las estructuras vinculares que giran en torno a las prácticas depredatorias, expropiatorias y de desposesión producen (y reproducen) clases de interacciones entre los sujetos.[9]

> Sea grande o pequeña una casa, mientras las que la rodean sean también pequeñas cumple todas las exigencias sociales de una vivienda, pero, si junto a una casa pequeña surge un palacio, la que hasta entonces era casa se encoge hasta quedar convertida en una choza. La casa pequeña indica ahora que su morador no tiene exigencias, o las tiene muy reducidas; y, por mucho que, en el transcurso de la civilización, su casa gane en altura, si el palacio vecino sigue creciendo en la misma o incluso en mayor proporción, el habitante de la casa relativamente pequeña se irá sintiendo cada vez

más desazonado, más descontento, más agobiado entre sus cuatro paredes. Un aumento sensible del salario presupone un crecimiento veloz del capital productivo. A su vez, este veloz crecimiento del capital productivo provoca un desarrollo no menos veloz de riquezas, de lujo, de necesidades y goces sociales. Por tanto, aunque los goces del obrero hayan aumentado, *la satisfacción social que producen es ahora menor, comparada con los goces mayores del capitalista, inasequibles para el obrero*, y con el nivel de desarrollo de la sociedad en general. Nuestras necesidades y nuestros goces tienen su fuente en la sociedad y los medimos, consiguientemente, por ella, y no por los objetos con que los satisfacemos. Y como tienen carácter social, son siempre relativos". (Marx, *Trabajo asalariado y capital* 47, énfasis nuestro)

Dichas clases, en tanto "sistemas" de diferenciación, desigualdad y jerarquías, son producidas por los rasgos fundantes de la situación actual de la expansión global del capitalismo. Es en dicho contexto que se pueden comenzar a entender los "significados" de lo popular.

a) Imperialismo, dependencia y colonia como contextos de re-estructuración de clase

La textura vincular entre particularizaciones, individuaciones y localizaciones de las desigualdades se trama en el actual estado del *imperialismo*, la *dependencia* y la situación *colonial*. Como hemos sostenido en otro lugar (Scribano, "Un bosquejo conceptual del estado actual de la sujeción colonial"):

A– Cuando existen, en la tierra, grupos sociales que centralizan la capacidad concentrada de imposición de las necesidades, deseos y acciones, constituyendo una economía política de la moral, que consagra las expropiaciones excedentarias evitando, así, toda forma de prácticas autónomas; se está frente a una modalidad de *imperialismo*.

B– Cuando existe una trama de relaciones entre territorios, naciones y estados, que socializa los efectos destructivos de los procesos de acumulación de los activos ambientales, condicionada (dichas relaciones) por el estado de los campos productivos de alta rentabilidad y estructurada por medio de las conexiones de las clases dominantes globales; estamos frente a una situación de *dependencia*.

C– Hay *colonia*, cuando hay segregación clasista detrás de murallas que contienen y reproducen los momentos de expropiación y desposesión consagrados por la racialización de la relación entre colono y colonizado.

Es, en este marco de la sujeción colonial, donde se inscriben las alteraciones de las diferencias y jerarquías entre sujetos y grupos sociales en el sur global. Las formas elementales de las modulaciones de clase se pluralizan y concentran, se multiplican y agrupan en torno a las dialécticas de lo colonial re-construido como esquema de toda formación social.[10]

> El descubrimiento de los yacimientos de oro y plata de América, la cruzada de exterminio, esclavización y sepultamiento en las minas de la población aborigen, el comienzo de la conquista y el saqueo de las Indias Orientales, la conversión del continente africano en cazadero de esclavos negros: son todos hechos que señalan los albores de la era de producción capitalista. Estos procesos idílicos representan otros tantos factores fundamentales en el movimiento de la acumulación originaria." (…) "Es aquí, en Inglaterra, donde a fines del siglo XVII se resumen y sintetizan sistemáticamente en el sistema colonial, el sistema de la deuda pública, el moderno sistema tributario y el sistema proteccionista. En parte, estos métodos se basan, como ocurre con el sistema colonial, en la más avasalladora de las fuerzas. Pero todos ellos se valen del poder del estado, de la fuerza concentrada y organizada de la sociedad, para acelerar a pasos agigantados el proceso de transformación del régimen feudal de producción en el régimen capitalista y acortar los intervalos. (Marx, *El Capital*, Cap. XXIV 638)

Lo popular deviene mundo de la vida colonizado donde se instancia la puja entre colonos y colonizados, entre las clases de colonos y las clases de colonizados.

b) *Lo popular como lo subalternizado entre los márgenes*

Al multiplicarse los centros y las periferias, al pluralizarse las estructuras de las dependencias y extenderse el "patrón" colonial como estructura del conflicto de clase, los márgenes, los bordes y los límites se transforman en los espacios-tiempos centrales, donde se hace práctica lo popular. Las marcas de los bordes las constituyen los volúmenes relativos de vivencia del juego autonomía/heteronomía; las líneas de los límites se elaboran con los puntos de la dialéctica entre expulsión/destitución; la espesura de los márgenes se entiende a partir de las bandas mobesianas, que obturan/posibilitan los bordes y los límites. De este entramado reticular emergen, un conjunto de prácticas sub-alternas que implican tres momentos helicoidales del hacer:

i) la posicionalidad recíproca entre las diversas formas y sujetos expropiados/expropiadores:

> Además, la clase obrera se recluta también entre capas más altas de la sociedad. Hacia ella va descendiendo una masa de pequeños industriales y pequeños rentistas, para quienes lo más urgente es ofrecer sus brazos junto a los brazos de los obreros. Y así, el bosque de brazos que se extienden y piden trabajo es cada vez más espeso, al paso que los brazos mismos que lo forman son cada vez más flacos. (Marx, *Trabajo asalariado y capital*, 66)

) las continuidades/rupturas entre diferentes esferas de sociabilidad, vivencialidad y sensibilidad, que modelan y son modelizadas por las posicionalidades expresadas en i):[11]

> Las ventanas son, para una casa, lo que los cinco sentidos para la cabeza. El orden burgués, que a comienzo del siglo puso al Estado se centinela de la parcela recién creada y la abandonó con laureles, se ha convertido en un vampiro que le chupa la sangre y la médula y la arroja a la caldera del alquimista del capital. (Marx, *18 de Brumario de Luis Bonaparte* 255)

iii) las conflictividades acaecidas, desde y a través, la experienciación de i) y ii).

Los tramados entre los bordes, límites y los márgenes del conjunto de subalternidades abren el espacio de lo popular, como respuesta y como pregunta, como posibilidad y como imposibilidad de la "experienciación-de-clase"

III. Lo popular se comprende por su lugar en las geometrías de los cuerpos y las gramáticas de las acciones

Las tramas dialectizadas de las con-figuraciones que las proximidades/distancias entre los cuerpos y los lugares ocupados en las predicaciones sociales, inscriptas en las relaciones sociales, sirven como catalizadores de la emergencia de lo popular como vivencialidad cotidiana.

a) Las políticas de los cuerpos y las emociones como huellas operantes de las expulsiones y expoliaciones

Si se entiende, a las políticas de los cuerpos, como la disposición y gestión de las estrategias que una sociedad acepta, para dar respuesta a la disponibilidad social de los individuos, en tanto parte de la estructuración social del poder. Si se comprende, a las políticas de las emociones, como la construcción de las sensibilidades, anidadas en los mecanismos de soportabilidad social y los dispositivos de regulación de las sensaciones. Si se acepta que los procesos de mercantilización "profunda" de la vida constituyen el disparador de ausentificación temporal/espacial de los agentes de unas determinadas relaciones sociales, vividas como ex-pulsión, en tanto ostracismo segregacionista. Si se admite que los ejes de la actual situación colonial tienen, en la expoliación –en tanto acciones de despojo violentas y sistemáticas–, uno de sus patrones estructuradores. Se comprende cómo, lo popular adviene, en su faceta de huella de la sociedad, hecho cuerpo y sensibilidad. Hoy, lo popular se manifiesta en esos gestos de horror desapercibidos que implican el ostracismo y la violencia estructural del despojo.

b)   La dialéctica de lo popular como sujeto/objeto de las relaciones de coloniaje

Lo popular es lo envidiado y lo prohibido, es lo que hay que colonizar y lo que debe usarse para colonizar. Lo popular existe, unas veces, como objeto del colonizar; otras veces, como sujeto de la mueca culpógena del buen colono. Lo popular es lo constituyente de esa melancolía estructural del buen orden burgués que busca siempre lo que, en él, se vivencia como perdido. Es ese vacío innombrable que las relaciones de coloniaje no pueden evitar a fuerza de expulsiones y expoliaciones. Lo popular, como navegación entre la mercancía, el fetiche, el fantasma y la fantasía, conjura y cristaliza lo obscuro, como telón de fondo de la experiencia del colonizado, y la epifanía transparente de la repetición del goce del colono. Las relaciones de coloniaje conjugan la distribución desigual de las competencias para designar los intercambios posibles de las posiciones entre objeto y sujeto. Las relaciones de coloniaje implican y demandan la existencia de lo popular como lo aberrante y lo deseado de un poder basado en las violencias materiales, epistémicas y simbólicas que dicen cómo percibir el mundo.

IV.   Lo popular puede ser analizado desde el pliegue donde se tocan plusvalía salarial, plusvalía ecológica y plusvalía ideológica

El pliegue por donde se conectan el plus de la fuerza de trabajo, de la fuerza sistémico-biológica y de la fuerza de las elaboraciones de sensibilidades es un momento del decorrer mobesiano de la estructuración capitalista a través, del cual, se puede analizar lo popular.[12]

a)   La expropiación como eje de la apropiación desigual y concentrada

La acumulación unilateral de las energías, provenientes de la depredación de los bienes comunes y de los cuerpos, es el eje que en-clasa las relaciones sociales en la situación colonial contemporánea. La apropiación diferencial y sistemática del tiempo no remunerado del trabajo asalariado, del sobre trabajo ecológico producidos por los re-ajustes ambientales ante la depredación y por las energías "sobrantes" de la elaboración de los nodos cognitivos-afectivos que configuran las sensibilidades, di-viden el mundo en clases. Las clases, que son las portadoras/productoras e impactadas por estas tres maneras de plusvalor, son los objetos de los procesos de subalternización. La apropiación excedentaria del trabajo humano, del equilibrio ecológico y de la elaboración de creencias es la base de la identificación, caracterización e indagación de las clases subalternas, en la actualidad.

b)   La radicalidad del plus del estar-siendo como centro de la mercantilización

La astucia de la razón apropiadora consiste en llegar al hueso de la sociedad, hecha cuerpo, tal como lo son, las maneras subalternas de la "negación" del ser y el tener, radicadas en el estar-siendo. Las gramáticas de la acción, conducidas e interpretadas desde los desacoplamientos sistémicos entre ser y tener en las sociedades capitalistas, marcan el camino de interpretación de lo popular como objeto de mercantilización. Las tensiones producidas por la consagración del consumo mimético, como eje de una economía política de la moral que sutura las diferencias entre ser y tener en la identificación objetificadora, son la consecuencia de todas las tareas de colonización de la disposición espacio-tiempo excriptas en las modalidades posibles del estar-siendo.

V.   Lo popular puede ser pensado desde las consecuencias de la segregación clasista

Existe, en la actualidad, una batalla silenciosa, cruenta y sin cuartel: la que se entabla por la ocupación de la ciudad. La ciudad no como mera contraposición al campo, la ciudad no como lugar, la ciudad no simplemente como mecanismo de modernización, sino como dispositivo, fantasmático y fantasioso, organizador de clases. La ciudad colonial es uno de los ejes con-figurativos de "gesta" colonial del siglo XXI.

a)   La habitabilidad del mundo del No y la segregación racializante

La experienciación del mundo del No como un habitar la vida, desde la acumulación de negaciones, es la experiencia fundante de los ejes contemporáneos de la racialización. La racialización planetaria hunde sus raíces en la "nueva" economía política de la moral de las sensibilidades de las ciudades coloniales. Los colonizados son aquellos que re-organizan sus sociabilidades en torno al No: no-educación, no-salud, no-transporte, no-salario, no-casa, no-comida, etc. Nace así el "fenotipo social" del habitante del No, la expulsión urbana, que opera como indicador racial, de clase, género y edad, convierte a "ese-otro" en un miembro de una clase de individuos producidos por la abyección instituyente de la segregación espacial. La ciudad colonial genera lo popular como la manifestación "típica" de un "típico" habitante de los tiempos-espacios segregados. La "raza" se en-clasa y las clases se racializan como marcas de la gestión del tiempo y el espacio.

b)   La rostrocidad de clase como clave de la pulcritud urbana

Los habitantes del mundo del No tienen, poseen y son poseídos por los rostros de esa clase de lo abyecto que nace desde la segregación. Lo sub-alterno es elaborado desde la pulcritud urbana del buen colono como marca corporal de las habitabilidades segregadas. El rechazo/aceptación de la rostrocidad colonial di-vide el mundo entre los juegos posibles de las máscaras y los rostros de la expulsión sistemática. Las formas de enclasamiento se modifican y cristalizan en (y por) las "clases-en-rostros". Máscaras del buen colono necesitan de los rostros de las clases y de diferentes clases de rostros.[13]

En torno a esta temática es muy interesante reparar en la nota al pie número 80 del Capítulo VIII de *El Capital*

> Véase Public Health. Sixth Report of the Medical Officer of the Privy Council 1863. Publicado en Londres, 1864. Este dictamen trata especialmente de los obreros agrícolas. "Se ha presentado al condado de Southerland como una comarca muy mejorada, pero una reciente investigación ha descubierto que, en distritos tan famosos en otro tiempo por la belleza de sus hombres y la bravura de sus soldados, *los habitantes han degenerado en una raza flaca y raquítica*. En los sitios más sanos, en las vertientes de las colinas que miran al mar, *sus niños tienen unas caras tan delgados y tan pálidas* como sólo se encuentran en la atmósfera pestilente de la peor callejuela de Londres" (Thornton, Over-Population, etc., pp. 74 s.). No tienen, en realidad, nada que envidiar a los 30,000 "gallant Highlanders" que Glasgow aprisiona en sus wynds y closes, revueltos con ladrones y rameras. (Marx, *El Capital* 211, énfasis nuestro)

Lo popular emerge y también se cancela en las tramas reticulares de las violencias ínsitas en los juegos entre máscaras y rostros.[14] Lo feo, sucio, desordenado; lo lindo, limpio y ordenado divide los cuerpos y la ciudad colonial siendo su indicador más radical: el rostro.

> Presidiendo una asamblea, celebrada en el salón municipal de fiestas de Nottingham el 14 de enero de 1860, Mr. Broughton, un County Magistrate (50), declaró que en el sector de la población urbana que vivía de la fabricación de encajes reinaba un grado de tortura y miseria desconocidos en el resto del mundo civilizado… A las 2, a las 3, a las 4 de las mañana, se sacan a la fuerza de sus sucias camas a niños de 9 a 10 años, y se les obliga a trabajar para ganarse un mísero sustento hasta las 10, las 11 y las 12 de la noche, *mientras su musculatura desaparece, su figura se va haciendo más y más raquítica, los rasgos de su cara se embotan y todo su ser adquiere un pétreo torpor, que con sólo contemplarlo hace temblar*. (Ídem, 188, énfasis nuestro)

La exterioridad modificante de las marcas corporales, en tanto disolución de las diferencias, re-encarna en las técnicas del borramiento y manipulación de dichas marcas. La ciudad deviene administración de las clases según el rostro, la ciudadanía implica la socialización en las técnicas de imputación de rostros.

VI. *Lo popular se halla en el plus que ofrece al ser un problema y una solución*

José Martí sostenía que la identidad latinoamericana era, a la vez, el problema y la solución para la emancipación continental. El plus operante desde lo popular, como momento del proceso semilla-fruto de las clases subalternizadas, tiene el mismo sino.

a) *La indecibilidad de lo popular como sustrato de las estrategias expropiatorias y las interdicciones colectivas*

Lo inefable, lo innombrable, lo inasible, lo incomprensible, como aura de lo popular, es, a la vez, momento de mercantilización de la vida y fuente de las re-prohibiciones colectivas. El capital a escala planetaria identifica, clasifica, modifica, produce y reproduce lo popular como mercancía y mercado. Lo popular engendra, alberga, manifiesta las interdicciones colectivas frente al avance, abuso y usurpación de lo colonial como práctica social. La dialéctica de la prohibición colectiva conlleva las estrategias de lo popular como hiatos y rupturas frente a la apropiación y ocupación de aquello que le es propio a lo común. Lo colectivo prohíbe, desde lo común, el despojo de lo común en prácticas puntuales, definitorias y radicales del común: amanece allí lo popular como rasgo colectivo.

b) *La intersticialidad de lo colectivo como base de lo popular*

El conjunto de prácticas intersticiales de las clases subalternas constituye lo popular como pliegue cotidiano de lo colectivo. La felicidad, el disfrute y la esperanza, que anidan en el gasto festivo, la reciprocidad y el amor como prácticas intersticiales, re-configuran, lo popular, en tanto haceres colectivos. Las formas sociales de la destitución del régimen de verdad de la economía política de la moral, que implica la situación colonial, brotan y reproducen, desde lo popular, como re-apasionamiento colectivo. La destrucción de los componentes mercantiles de las cosas que involucra el gasto festivo, los regímenes de disfrute que implican los "intercambios-en-reciprocidad" y el conjunto de prácticas anticipatorias de futuro, que anidan en la dialéctica entre amor cívico, conyugal-erótico y filial, son un mapa (fragmentario) de las estructuras de lo popular.

VII. *Consecuencias políticas-metodológicas de la caracterización de lo popular*

Si lo popular no se reduce a lo masivo, si no se puede acotar a lo *folk*, si no es sinónimo de pueblo, si no se puede resolver en lo marginal-marginado, si no es posible ser limitado en sus oposiciones a lo culto, si no es posible identificarlo con lo plebeyo, es claro, entonces que la consecuencia metodológica reza: *si Ud. quiere indagar lo popular recuerde que es/no-es todo eso.*

Uno de los horizontes de comprensión de lo subalterno, barrado como popular, es justamente el estado de perplejidad frente a su estatus de fenómeno de clase en la actual estructura colonial. Lo que sigue son apenas algunos pespuntes pensados como base de una confección posterior más "elaborada" sobre el carácter político de los estudios sobre lo popular. Dicho de una manera más que simple: *dime a qué reduces lo popular y te diré cómo ocultas las clases.*

a) La transparencia es reemplazada por la pornografía. Lo indecible de lo popular radica en la búsqueda infructuosa de su estatus de objeto claro y distinto por detrás, debajo y/o al lado de otra realidad que lo constituya.[15] Hoy, más que nunca, hay que saber que las prácticas ideológicas coloniales tienen las formas enceguecedoras propias de la pornografía y que lo subalterno emerge en sus propias fallas constitutivas.

b) La identificación unificadora es reemplazada por la dialéctica de la ausencia[16]. Más que enumerar los rasgos que aíslan, reducen y acotan lo popular la tarea es re-conocer las tramas de una dialéctica centrada en la ausentificación de ausencias. Lo subalterno es propio de las clases que, en la vivencia de las negaciones que componen sus condiciones materiales de vida, "engendran" lo popular como una actividad ausentifican dichas negaciones.

c) ¡La substancia ha muerto...! ¡Viva la esencia...! Lo subalterno no es de una vez y para siempre, no viene asociado e inscripto a una entidad predeterminada, no es la consecuencia de una abstracción especulativa; es, justamente, un conjunto de actividades que se produce en las prácticas materializadas de la estructuras vinculares, que se conjuga desde las esencias dialectizadas del obrar práxico.[17]

d) Un texto sin hermeneuta privilegiado.[18] Lo popular como construcción de las clases subalternas es siempre co-texto, con-texto y pre-texto de un sentido en búsqueda de unos intérpretes horizontales y co-autores de sus múltiples "significados".

Más acá de la indecisión académica -política-, la ciencia ficción vuelve atravesando nuestras perplejidades ilustradas: el imperio contraataca como lo popular fetichizado. Una de las tareas de las teorías sociales del sur post-independentista consiste, justamente, en aceptar el desafío de destituir perplejidades.

Notas

1) Peña, M. 1986, *Masas, caudillos y elites. La dependencia argentina de Yrigoyen a Perón*, Buenos Aires, El Lorraine.
2) Ramos, J. A., *Revolución y Contrarrevolución en la Argentina*, 2a ed. (Buenos Aires: Senado de la Nación, 2006).
3) García Canclini, N., *Las Culturas Populares en el Capitalismo* (México: Editor Nueva Imagen/Grijalbo, 1982).
4) Ford, A., Romano, E. y Rivera, J., *Medios de comunicación y cultura popular* (Buenos Aires: Legasa, 1985).
5) Alabarces, P., "Culture and the periphery: Nomadic wanderings in the Argentine sociology of culture", *Current Sociology* (60, 5), 2012: 705-718.

6) Lukács, G., *Historia y Conciencia de clase* (La Habana: Instituto del Libro, Editorial de Ciencias Sociales, 1970).
7) Gramsci, A., *Cuadernos de la cárcel*. Edición crítica del Instituto Gramsci, a cargo de Valentino Gerratana- Tomo 1 Cuadernos 1 (XVI) 1929•1930 2 (XXIV) 1929•1933 (México: Ediciones Era. México, 1981).
8) Thompson, E. P., *Tradición, revuelta y consciencia de clase* (Madrid: Editorial Crítica, 1979).
9) Es pertinente recordar aquí (y que retomáramos en los Capítulos II y III) la imputación que hace Marx a la moral capitalista de borrar los rasgos de clase del sistema tras las huellas de una narración de la desigualdad en términos de "pecado original" que condena al trabajador a ganarse el pan con el sudor de su rostro. (Marx, *El Capital, Cap. XXIV:* 607)
10) Aquí es interesante referir a la relación simultaneidad/indeterminación que tratamos en el Anexo, pero que nos permite comprender mejor la co-existencia/desarrollo de formaciones sociales y formas de relaciones sociales. Lo que nos da pie a pensar que, en lo popular, anida lo colonial *"El capital como un todo se encuentra, entonces, simultáneamente en sus distintas fases, yuxtapuestas en el espacio". (*Marx, *El Capital,* Capitulo IV, 122)
11) Hay que retomar aquí, en cruce con el texto citado, lo que ya expusiéramos sobre sentidos y sensibilidades, en nuestra lectura sobre los Manuscritos (Marx, *Manuscritos: Economía y Filosofía*).
12) Aquí cabe enfatizar las conexiones entre cuerpo/emoción/orgánico/naturaleza que ya hemos explorado "La naturaleza es el cuerpo inorgánico. (…) Que el hombre vive de la naturaleza quiere decir que la naturaleza es su cuerpo, con el cual ha de mantenerse en proceso continuo para no morir. Que la vida física y espiritual del hombre está ligada con la naturaleza no tiene otro sentido que el que la naturaleza está ligada consigo misma, pues el hombre es una parte de la naturaleza". (Marx, *Manuscritos* 110).
13) En diversos pasajes de *El Capital* es posible advertir cómo la desigualdad/desposesión adquiere una modalidad de miradas y "vínculos" que le dan rostro a la dominación, Cf. Marx, *El Capital,* Tomo I, 18.
14) "Como el trabajo pretérito se *disfraza siempre de capital*, es decir, como el pasivo de los obreros A. B. C. etc., se traduce siempre en el activo del zángano X, es justo que ciudadanos y economistas se ciñan, como laureles, los méritos del trabajo pretérito y que incluso se asigne a éste, según el genio escocés MacCulloch, un sueldo especial (el interés, la ganancia, etc.).44 De este modo, el peso cada vez mayor del trabajo pretérito, que colabora en el proceso vivo de trabajo bajo la forma de medios de producción, se asigna a la figura enfrentada con el propio obrero, fruto de cuyo trabajo, pasado y no retribuido son, es decir, a la figura del capital. Los agentes prácticos de la producción capitalista y sus charlatanes ideológicos son tan incapaces para arrancar a los medios de producción la *máscara social antagónica* que hoy los cubre, como un esclavista para concebir al obrero como tal obrero, desligado de su carácter de esclavo". (Marx, *El Capital,* Tomo I 513, énfasis nuestro)
15) "La economía política vulgar se limita, en realidad, a transponer sobre el plan doctrinal, a sistematizar las representaciones de los agentes de la producción, prisioneros de las relaciones de producción burguesas, y hacer la apología de esas ideas. No hay pues que extrañarse de que se sienta completamente a gusto precisamente en esta apariencia enajenada de relaciones económicas, fenómeno evidentemente absurdo y particularmente contradictorio –*puesto que, toda ciencia sería superflua si la apariencia y la esencia de las cosas se confundieran*–; no hay que extrañarse de que la economía política vulgar se sienta aquí

perfectamente en su elemento y que esas relaciones le parezcan tanto más evidentes cuanto sus lazos internos están más disimulados, mientras que tales relaciones son corrientes en la representación que se hace ordinariamente de ellas". (Marx, *El Capital* Tomo III,756-57).

16) "Yo" [737] aseveró con solemnidad, "sustituyo la palabra capital, considerado como instrumento de producción, por la palabra abstinencia" Agregado a la 2ª edición. Al economista vulgar nunca se le ha pasado por la cabeza la sencilla reflexión que todo acto humano puede concebirse como "abstinencia" del acto contrario. Comer es abstenerse de ayunar, andar es abstenerse de estar quieto, trabajar es abstenerse de holgazanear, holgazanear es abstenerse de trabajar, etc. Estos señores harían bien en meditar alguna vez acerca de la tesis de Spinoza: Determinatio est negatio (determinar es negar) [221]" (Marx, *El Capital* 503)

17) Marx, *Tesis sobre Feuerbach* [Tesis I]: "El defecto fundamental de todo el materialismo anterior -incluido el de Feuerbach- es que sólo concibe las cosas, la realidad, la sensoriedad, bajo la forma de objeto o de contemplación, pero no como actividad sensorial humana, no como práctica, no de un modo subjetivo. De aquí que el lado activo fuese desarrollado por el idealismo, por oposición al materialismo, pero sólo de un modo abstracto, ya que, el idealismo, naturalmente, no conoce la actividad real, sensorial, como tal. Feuerbach quiere objetos sensoriales, realmente distintos de los objetos conceptuales; pero tampoco él concibe la propia actividad humana como una actividad objetiva. Por eso, en *La esencia del cristianismo* sólo considera la actitud teórica como la auténticamente humana, mientras que concibe y fija la práctica sólo en su forma suciamente judaica de manifestarse. Por tanto, no comprende la importancia de la actuación 'revolucionaria', 'práctico-crítica'". Acceso en: http://www.marxists.org/espanol/m-e/1840s/45-feuer.htm.

18) Marx, C., "Cuestionario para una encuesta obrera". Presentación "Esperamos ser apoyados, en nuestro trabajo, por todos los obreros de la ciudades y campos, *que comprenden que, únicamente ellos, pueden describir, con conocimiento de causa, los males que soportan; que únicamente ellos, y no salvadores providenciales, pueden aplicar enérgicamente remedio a las miserias sociales que sufren*; contamos, también, con los socialistas de todas las escuelas que, deseando una reforma social, deben querer un conocimiento exacto y positivo de las condiciones en las que trabaja y se mueve la clase obrera, la clase a quien pertenece el porvenir." Énfasis nuestro. Acceso en: http://www.salvadorallende.cl/Biblioteca/Karl%20Marx/Encuesta%20obrera_Karl%20Marx.pdf.

Capítulo V ¡Plus-valía... hay una sola! Una mirada mobesiana al concepto de Marx[1,2]

> "Oigamos ahora cómo el economista habla desde el alma de la mercancía"
>
> Marx, *El Capital* 47

Introducción

Hasta aquí, en la primera parte del libro, hemos mostrado que, tanto desde una lectura crítica de Los Manuscritos como de El Capital, es posible reconocer una sociología de las emociones en Marx. Ese primer movimiento de reflexión fue sucedido, en la segunda parte, con dos capítulos que hicieron evidente que, tanto desde la perspectiva del consumo y gasto de energía como de la constitución de colonialidades otras en lo popular, es posible encontrar, en los textos del autor, pistas analíticas desde la sociología de las emociones.

Este capítulo se inscribe, en dicho desarrollo, en tres grandes direcciones:

a) problematiza la noción central de la explotación capitalista desde una mirada mobesiana,

b) retoma la noción central de alienación como base de una explicación de algunos de los estados de sensibilidad que se operan en los procesos de desposesión, y

c) manteniendo el "estilo" de exposición oral, enfatiza el peso de la pluralización de las formas. Cuestión que se liga con lo desarrollado hasta aquí respecto a lo plural y que se articula con lo que se expone en el Anexo.

Si estamos aquí intentando hacer una hermenéutica crítica de un autor del siglo XIX para pensar las situaciones de los cuerpos/emociones del siglo XXI lo hacemos, fundamentalmente, porque fue Marx quien inauguró y comenzó a fundar los contenidos y herramientas de la crítica ideológica. Pero también y fundamentalmente, porque el capitalismo, al menos hace 500 años en Latinoamérica, ha reinventado, una y otra vez, los procesos de expropiación/desposesión y en eso, nuestro autor, fue uno de los que mejor comprendieron dichos procesos.

1. ¿A modo de presentación?

Así como Einstein decía[3] al hablar sobre la ciencia que, ésta, se parece mucho a una novela policial a la cual se le ha arrancado la última página, en la cual nadie sabe quién es el homicida, propongo partir, desde una pretensión de apertura, de no-cerramiento o de clausura, al presentar algunas notas sobre la idea original de Marx de plusvalía y, luego, algunas ideas que venimos discutiendo, junto con otros colegas, sobre algunos desplazamientos de estas ideas, en términos de una cinta mobesiana que se abre/despliega.

En principio, el título es muy mentiroso, es irónico, porque plusvalía hay una sola. Y, por otro lado, es una alusión al dicho popular: ¿cómo no va a haber una sola madre? Sobre todo para un cordobés de ascendencia italiana, ¡tiene que haber una sola madre y siempre virgen!

Sobre la virginidad de los conceptos de Marx, no voy a hablar, porque se les ha decretado muertes varias ya en los últimos ciento y pico de años, y porque sabemos que no son conceptos vírgenes. Y creo que eso podría "estar bueno" pensarlo, como una clave de lectura de lo que voy a decir.

Antes quisiera poner dos (o tres) piedras, no en el camino, sino como Hansel y Gretel, porque me parece que hay unos malos entendidos y prejuicios sobre Marx. Y considero que hay que despejar algunas cosas antes de empezar a hablar para que se comprenda lo que voy a exponer de aquí en más.

Primera cuestión: nadie piensa, aquí, que la ciencia es una ciencia del siglo XIX. Hoy, la ciencia, es una práctica compleja, indeterminada, relacional, de reciprocidades. Con todo lo que eso implica. No sólo para las ciencias sociales sino también para las ciencias naturales. Esto significa que, en realidad, yo me paro en una Sociología construida como aquella elaboración que pretende edificar una mirada científica del mundo. Muy parecido a lo que hacía Marx. Pero no es este hombre ligado al "sustancialismo", a la "superdeterminación", sino no se entendería porque era dialéctico. Y es, en este sentido, como muchos colegas y personajes… pensadores en el mundo actual están proponiendo que Marx es un autor de la complejidad. Es, en este sentido, que es un autor abierto.

La segunda piedrita, así, para poder salir del bosque, es que esta serie, compleja e indeterminada, tiene que estar también acompañada por algo que es fundamental para toda visión científica, desde la cuántica hasta la relatividad, pasando por la sociología. Y es el hecho que es mejor que nosotros digamos cuáles son nuestros presupuestos, desde dónde vamos a hablar. Cuáles son las tradiciones que marcan nuestra capacidad de ponernos en palabras, esos gestos de intercambio con los demás que significan hablar sobre las cosas.

¿La tercera piedra?...

En primer lugar, por supuesto que si propongo el tema de la plusvalía es porque reconozco, en el materialismo, una tradición en la cual me inscribo. Pero, particularmente, en algo que se llama Realismo crítico dialéctico. ¿Qué es esto? Es algo así como "mire, usted puede ser marxista y no morir con ello". Con una idea, digamos, "renovada" del materialismo que inauguró Roy Bhaskar[4] que fue quien fundó el movimiento, por decirlo de alguna manera, alguien que hizo una crítica al positivismo, al experimentalismo, etc. Como en todo movimiento intelectual hay una internacional realista a la cual no pertenezco, etc.

Esto significa dos cosas. La primera es que, uno piensa que, el materialismo dialéctico y el materialismo histórico no tienen porqué estar, necesariamente, desacoplados para poder entender el mundo, como muchos autores marxistas o muchas teorías pos-marxistas pretenden decir. La otra cuestión es que "está bueno" ponerse a pensar en Marx. Uno podría decir que, lo que avivó Marx, fue el hecho que "ponerse a pensar en" no es lo mismo que "ponerse a pensar sobre".

Por otro lado, desde hace muchos años provengo de una lectura muy sistemática de la escuela de Frankfurt, es decir, de la Teoría Crítica, razón, por la cual, utilizo palabras de Marcuse, Adorno, Benjamin; esto sucede, por, decirlo de alguna manera, por familiaridad.

Y, en tercer lugar, lo cual forma parte de este cruce, recuerdo a un alumno que sabía poco de matemáticas, pero que era ingenioso, que me decía: "usted hace una crítica al cubo", no hago una crítica así, son tres tipos de crítica; también provengo de la hermenéutica crítica.

Como otro punto de partida, vale aclarar que me dedico a la sociología de las emociones y los cuerpos y, específicamente, que me dedico a hacer análisis de política de la sensibilidad en términos de fantasma, fantasía, etc. Es importante también remarcar que esta lectura que hago de la plusvalía viene a cuento de investigaciones empíricas que venimos realizando hace ya tiempo.

Y, vale también remarcar, que la sociología no es normativa, sino que, generalmente, lo que hacemos es hacer investigaciones empíricas.

Vuelvo, entonces, a estas piedritas que he ido dejando, que son:

Un enfoque teórico epistemológico, un enfoque de la lógica de la interpretación y esta disposicionalidad al hecho que esto que voy a decir no es que solamente proviene de la especulación teórica, sino que, también llegamos acá por una serie de investigaciones que hacen a los procesos de acumulación y distribución del poder y de la sensibilidad en el mundo.

Con esto, me lanzo sobre el texto llamado *El Capital* que es, para mí, el primero como fundacional de algo que yo llamaría Epistemología Social, que es una crítica a la economía política como constructora de la economía política de la moral burguesa, que en todo caso significa parte de la política de la sensibilidad de *El Capital*. (Intentando así armar un puzzle que permita, desde la pieza que le falta en tanto totalidad fallida, comprender por qué plusvalía no hay una sola).

2. *Sobre* El Capital

La primera cuestión que quiero poner de manifiesto, es que, en el tomo uno de El Capital-que es el que tomaremos como referencia aquí, y es el en que se desarrolla la cuestión –la palabra "plusvalía" aparece, aproximadamente, unas ciento dos veces. Aquí, no le otorgaremos demasiado lugar para expresar algo que es central al Capital, que Marx le dedica, buena parte de este tomo, tanto a la teoría del valor como a la de la plusvalía absoluta, como a la de la plusvalía relativa y, por lo tanto, lo que diré sobre ello va a ser muy esquemático.

Aclaro esto porque, en todo caso, lo que intentaré cubrir desde ahí –los textos del Capital– son las categorías que a mí me interesa empezar a pensar de alguna otra forma en relación con la(s) plusvalía(s)

Marx dice: "este incremento o excedente que queda después de cubrir el valor primitivo, es lo que llamo plusvalía" (Marx, *El Capital*, Tomo I 107). Esta cita en realidad no dice nada, pero hay algo que me interesa mucho: la primera cosa con la que se conecta la plusvalía es con el excedente. Si buscamos la etimología de la palabra "plus", veremos que hunde sus raíces en lo indoeuropeo y que significa "llenar". Es muy interesante que, en el indoeuropeo, esto signifique algo así. San Agustín dijo, en un precioso tratado sobre la dialéctica[5], que "las palabras suenan", lo cual implicaba lo siguiente: que cuando usted habla, el sonido le está dando pista a la referencia. La desvinculación entre significante y significado está en el sonido. El excedente es una palabra interesante, que está relacionada con el "plus" y está relacionado con lo lleno, porque lo que excede tiene una tensión dialéctica con el exceso.

Quizás podamos verlo mejor en otra definición de Marx, cercana a la cita anterior: "una simple materialización del tiempo de trabajo excedente, como trabajo excedente, materializado pura y simplemente" (Marx, *El Capital*, Tomo I 164). Esto es la plusvalía. Vamos a decirlo de este modo, es, "desde/sobre la fuerza de trabajo", que es algo complejo que me interesa discutir ya que nos va a traer algunas pistas para pensar algunas cosas. Cuando uno vende la fuerza de trabajo le pagan porque tiene que hacer una cierta tarea. La cuestión central es la siguiente, ¿para qué uno vende la fuerza de trabajo? Buena parte del tiempo que nosotros vendemos nuestra fuerza de trabajo —una gran parte en realidad– excede por mucho la cantidad de tiempo que tendríamos que invertir para "satisfacer nuestras necesidades".

La lógica de ese excedente es muy interesante. Usted está trabajando un día, y usted con tres horas ya pudo pagar la comida, la Coca Cola, el viaje, el beso a la jefa y la zapatilla para el chico. Con tres horas…. ¡pero usted trabaja doce! ¿Quién se queda con lo demás? Este "¿quién se queda?" es una pregunta riesgosa también para entender la plusvalía, pero lo importante es que ese excedente es la clave de algo que, nosotros, vemos todos los días, que es nuestro sistema de relaciones sociales que se llama capitalismo.

En esta relación de exceso encontramos un elemento muy interesante y complejo, que es que los sistemas de producción y las formaciones sociales pueden acarrear sistemas de producciones antiguos y nuevos, y se pueden dar paralelamente.

Si usted quiere saber en frente de qué sistema social está, lo que tiene que responder es cómo distribuye el excedente. Lo que Marx encontró es que el capitalismo tenía una manera muy particular de distribuirlo, que ese excedente aumentaba lo que era el capital, "personificado en el capitalista" … –lo cual es otra cosa que deberíamos atender, pero que por ahora lo dejaremos de lado.

Lo que me interesa es esta última expresión: "materializado pura y simplemente en el trabajo excedente". Porque (más allá que el propio Marx haya hecho diferencias entre trabajo simple y trabajo complejo, la forma distinta de ponerse-en-trabajo) la materialidad pura de este excedente nos habla ya de algo bien interesante, y es el hecho de que las formas de producción, circulación y distribución de excedente nos llevan a preguntarnos cómo serán los procesos de acumulación de estos excedentes, dirigidos a quién están estos procesos de acumulación, etc.

Por eso, volviendo atrás, una definición de plusvalía sería trabajo excedente sobre trabajo necesario. Porque, en todo caso, lo que nosotros tenemos que entender es que del destino de esa relación depende lo que va a transformarse en la ganancia del capitalista. Cuando digo destino no digo oráculo, sino de cómo se vaya a cristalizar. De hecho, una de las grandes discusiones que existen, es si hay o no cristalización de plusvalía en procesos internacionales, por ejemplo en el imperialismo.

Lo que nosotros tenemos que tener en cuenta es que aparece otra palabra ahí en esta relación que acabo de poner entre "trabajo necesario y trabajo excedente", y es que este tiempo que ya no es para comprar la zapatilla, el libro, etc. está directamente relacionado que en, todo caso, la plusvalía está relacionada directamente con el grado de explotación de los seres humanos sobre otros seres humanos.

Moishe Postone[6] –que es uno de los teóricos marxistas novedosos de los últimos siete, ocho años, sino tal vez más– dice en uno de sus trabajos que Marx hizo con este concepto una gran etnografía de la explotación. Si nosotros retomamos el concepto de etnografía en la vía de la vida cotidiana; la presencia in-situ, el conectarse con la palabra del otro. Yo creo que Postone tiene razón en esto: en realidad una teoría de la explotación está justamente asociada por familia de palabras, pero también por lógicas de prácticas, o prácticas de lógicas, a expoliaciones y a expropiaciones. Y la primera cosa que es la plusvalía, es una forma sistemática que encuentra un sistema social particular de expropiar a unos seres humanos de sus capacidades de hacer el mundo. Estas formas pueden variar, si tenemos en cuenta, por ejemplo, que el capitalismo de Manchester lo hizo de una forma, el capitalismo alemán lo hizo de otra.

Hasta ahora aparté una pieza del puzzle que es excedente; aparté otra pieza del puzzle que era materialización; y ahora aporto otra que es explotación, junto con la expoliación y la desposesión.

Pero quiero tomar otra cuestión, que es que no hay una sola forma que el capital haya concebido, o haya organizado, en términos de lograr apropiarse de este excedente, y es lo que Marx llama plusvalía absoluta o plusvalía relativa. Lo pongo acá por dos razones: porque después me van a servir a mí cuando me refiera a las bandas mobesianas... [y porque desde ellas se puede ver, al menos parcialmente, la pieza que le "falta" al *puzzle*].

En todo caso, ¿qué significa la plusvalía absoluta? Algo muy sencillo: yo también dije que en tres horas obtengo lo que necesito para reproducir mi vida –ya veremos luego de qué se trata eso–, y las restantes siete horas es un proceso de acumulación unilateral por parte de Otro, con mayúscula. De todos modos, ¿qué puedo hacer para que sea más grande ese excedente? Estirar la cantidad de horas, en lugar que sean diez, sean doce, en lugar que sean doce, sean catorce. Por eso el régimen de capitales originarios, por decirlo de algún modo, consistía en aumentar las horas de trabajo. La pelea por el sábado inglés, por ejemplo, era eso: una pelea contra la posibilidad de alargar o no la jornada de trabajo, sea la jornada de un día o sea en la semana.

Además, el capital tiene otra posibilidad: lograr eso sería aumentar aún más tiempo el nivel de excedente apropiado. Pero hay otra forma de hacerlo, que sería a través de lo que Marx denomina plusvalía relativa; que sería más en menos tiempo, entonces si es más en menos tiempo volvemos a la problemática de la cristalización. Los negros generalmente que laburan son vagos, ¿no?, "no quieren laburar". Entonces, "¿cómo haces para hacer laburar a un negro?" Esta es una gran pregunta, ¿cómo haces para que esto sea así? Mejorás las condiciones de producción, que es el sistema de producción como tal; para ser más precisos, los modos tecnológicos de generar valor. Aquí se plantea una pregunta, que es sobre cuáles son las modificaciones del sistema para que haya apropiación de excedente. Parece ser que una cosa es el tiempo y otra cosa es la lógica de cómo se hace tecnológicamente para que los rendimientos sean mayores en menos tiempo. Por eso hace algunos años, algunos autores, sobretodo de los países centrales, dijeron "adiós al trabajo", "el trabajo no existe más", entre otras cosas.

Retomemos la parte del "puzzle": a comienzo está el "excedente", pero a esta palabra le la tensionamos en una dialéctica que no es menor, con "exceso". Después dijimos "explotación", que tenía que ver con la desposesión, pero tiene que ver también con una forma de distribución del excedente…Luego también armamos otra que es el tema de la "materialización del trabajo" y, después, llegamos a esta última que es el "tiempo" o las condiciones tecnológicas o capacidades productivas que tenga un sistema en concreto.

Nimiamente volvamos a esa especie de regla mnemotécnica sobre el "trabajo excedente", "trabajo necesario". Podemos decir lo siguiente: una de las cosas que se han modificado, en el último medio siglo, es, justamente, cómo se dan, o cómo se efectivizan, no solamente la plusvalía, a través del trabajo asalariado, sino otras dos formas de plusvalía: una que la vamos a llamar "plusvalía ecológica" y otra que vamos a llamar "plusvalía ideológica". Pero siempre y cuando entendamos que lo que voy a hacer es tomar una banda de Moebius y cortarla para que juegue, o para decirlo como lo dicen los de didáctica de la matemática cuando tienen que dar geometría cualitativa, cortarla para que se vea que la banda se abre en otra banda y no se corta, sino que se despliega.

Y esto es algo muy importante, porque Marx estaba muy preocupado por la teoría de los límites. Siempre remarco la importancia de leer los fragmentos matemáticos de Marx para darse cuenta de su preocupación sobre la teoría del límite y el infinito, sobre el cálculo diferencial. Porque me parece que hay algo bien interesante en la dialéctica, dejando los fantasmas de lado…La dialéctica es un instrumento fenomenal para darse cuenta de la relación entre finitud e infinitud. Por eso no hay nada más interesante que ver cómo un autor, que tiene todos los defectos de su siglo, se embebe de los griegos para poder leer aquel genio que leyó, y leyó de qué manera a los griegos como fue Hegel; y comienza retomando esa dialéctica de los propios atomistas como fueron Epicuro, Demócrito, en su tesis doctoral.

Paréntesis afuera, lo que sí me parece es que tenemos, para poder cortar de estas bandas, como primera propuesta, es que la primera banda que cortemos, que traigo a la mesa del excedente, del exceso, del tiempo y del sistema. Algo que está muy cercano en *El Capital*, más lo precede en términos cronológicos de las páginas, que es la relación entre el fetichismo de la mercancía y la teoría de la alienación. Porque una cuestión que me interesaría remarcar, y que forma parte de la propuesta, sustentando la relación que hay entre la vieja o la canónica forma en que Marx entendió la plusvalía y esto que estoy presentando, es que se necesitan tensionarlos justamente con su teoría de la alienación.

Como una primera cuestión, les voy a pedir que hagan un esfuerzo de representación-podemos pensar en una pintura de Escher que es muy conocida,[7] en la cual hay unas escaleras subiendo y bajando, se ven un hombre que baja de espalda y otro: la banda de Moebius[8] que tengo en la cabeza es como ese diagrama mobesiano.

3. Enajenación/Extrañamiento/Alienación

Más allá de esto, ponemos en el centro de la imagen tres palabras que nos van a ayudar a discutir esta noción; extrañamiento, enajenación y alienación.

Empezando por enajenación, porque tiene que ver mucho con esto que veíamos anteriormente, esto que voy a decir es en parte una "especie de relectura" aunque no tiene casi nada que ver pero hay que decirlo porque se merece, más o menos la idea que Mészáros[9] desarrolla en su teoría de la alienación. Mészáros, hoy es conocido por ser un autor bolivariano, pero desde hace muchos años es un marxista muy destacado y escribió un trabajo sobre la teoría de la alienación, que se los recomiendo, y justamente poniendo estos tres momentos como parte del proceso de alienación, que después lo voy a conectar con plusvalía para que entendamos mejor

3.a) Enajenación

¿Qué se hace cuando el obrero entra en la disciplina fabril? La disciplina fabril es justamente el hecho de que, en un mercado, donde hay dos personas libres, una vende su fuerza de trabajo y la otra la compra. Lo primero que hace es enajenar, endosar, ceder, pero ¿ceder qué? Y eso es lo que decíamos antes que Marx plantea en su teoría de la plusvalía, y es la fuerza de trabajo. ¿Qué es la fuerza de trabajo? Cuerpo más tiempo. En todo caso es otra banda. Porque todas las definiciones que realiza Marx de fuerza de trabajo en El Capital, abarcan desde el cerebro hasta los músculos; repasando la idea de sistema fisiológico, incluso de sistema como una metáfora orgánica.

Una de las astucias de la razón capitalista es que en el sistema de la disciplina fabril hay un paréntesis, hay una epojé muy interesante y es un secuestro experiencial del cuerpo que funciona de este modo: el capitalista le toma el cuerpo por las horas de trabajo al trabajador y se lo devuelve cuando sale de la fábrica. En esta lógica de devolverle el cuerpo, lo que está en juego es el tiempo. Pero no es un tiempo lineal, porque el tiempo no es una categoría vacía, sino que el tiempo es un espacio: de ahí que podemos hablar de espacio-tiempo.

Lo que Marx veía claramente es que este espacio-tiempo era una forma de organización que tenía la disciplina fabril para absorber; incluso está unas ocho veces la metáfora de absorber como un vampiro. Esto es muy interesante, la idea de chupar sangre, porque vuelve a los flujos hidráulicos del sistema orgánico, para que nosotros nos demos cuenta que hay ahí un secuestro experiencial puesto a prueba en términos de la posibilidad de que alguien se quede con lo que tendría que crear un cuerpo en condiciones genéricas. ¿Qué significa esto? Si usted suelta un hombre en el campo se las va a arreglar solo, por eso la invención del liberalismo de Robinson. ¡Lo que dice Marx es que estas son robinsoneadas! ¿Qué es lo que sucede con esto? La división del trabajo implica, esta relación que hay entre el secuestro experiencial, temporalidad, no en términos de pasado, presente y futuro, sino en términos de presentificación.

Marx descubre –tal vez sea una exageración–, antes que Heidegger, la idea que la vivencia se da justamente cuando "se-sale" en las formas sociales de existir. Hay una expresión de Marx, aproximadamente por las mismas páginas a las cuales me estoy refiriendo, que dice "…de la manera que el hombre vive", porque la fuerza de trabajo es la forma de vida que tiene el hombre. En realidad, las categorías de pasado, presente y futuro no existen: lo único que existe es una presentificación, es el aquí y ahora. Un sujeto que para poder reproducirse tiene que vender su cuota de aquí-ahora, de sus aquí-ahora(s) de forma proporcional para cubrir su necesidad y poder reproducirse.

¿Qué es la plusvalía? Es la manera en que el capital se apropia de los excedentes de aquí-ahora que el sujeto tendría para crear su propia vida. Al hablar de plusvalía, y Marx lo tenía en claro, no solamente significaba el dinero, por eso una de las confusiones que tienen los teóricos que saben de plusvalía es confundir el precio del trabajo-salario –la acumulación de ellos– con la plusvalía.

Entonces qué enajeno, qué cedo, qué doy. La teoría de la enajenación está "constituida" en la Biblia…o a través del lenguaje bíblico ¿Por qué? Porque la cesión "sacrificial" de la corporalidad, que significaría la entrega del hombre genérico, en el capitalismo implica que uno lo que cede es un aquí y ahora, de forma tal que, el Otro, es mi madre/padre y yo lo soy hecho a su imagen y semejanza de uno, pero en todo caso es el Dios padre, no es el Dios hijo. Marx dice en el propio texto: lo que se acepta cuando se acepta el libre contrato tiene un perfume corderil como el cordero de Dios.

Había dejado una pieza del puzzle, y lo que esta pieza encaja acá es que la enajenación nos explica qué forma de excedente es lo que excede. Y lo que excede es la vida. Es lo que se pierde, porque lo que se excede siempre es lo que se pierde, siguiendo la metáfora bíblica. En esta forma de apropiación de este excedente le va la vida, literalmente. ¿Por qué? Porque se materializa en su acción de construir objetos. ¿Para sí? No, para los otros… [y para el Otro].

3.b) Extrañamiento

Por eso la segunda pata de una teoría de la alienación vinculada a la forma de la plusvalía como la estoy tratando de "mirar" acá/ahora, es el extrañamiento. ¿Qué pasa cuando uno vende la fuerza de trabajo? Lo primero que sucede es que hay un extrañamiento respecto de sí mismo, porque uno no es todo ahí. ¿Qué significa todo?

Como hombre genérico no está puesto ahí, lo que está puesto ahí es su fuerza de trabajo.

Como ejemplo, podemos pensar en el Chaplin mecánico[10] del sistema taylorista. Es muy interesante lo que hace Chaplin ahí como una crítica radical a la forma de organización, de gestión del trabajo. Lo que uno está haciendo ahí es vendiendo gestos, porque en todo caso la organización taylorista no es más sino que una ciencia muy calculada sobre cuáles son los gestos exigentes para construir algo: el hecho de martillar de esta forma un clavo, poner, sacar, etc.

El primer extrañamiento es con sí mismo, porque es el hombre que está en la taberna, como dice Marx. Cuando recupera el "si-mismo" el trabajador, cuando sale de la fábrica… se va… toma una cerveza… etc.

La segunda cosa que pierde es el contacto con los objetos, nos podemos imaginar que yo bajaba la fruta y me la comía, ese era Robinson. Pero cuando venía el otro que tenía una zanahoria, yo le tenía que decir "¿no me das una zanahoria?", a lo cual el otro podía responderme "pero vos me tenés que dar algo de la manzana". El diálogo ya empezó mal. Pero más allá de eso, cuando intercambiaban se veía ahí, porque el hombre metía la mano en la tierra, lo orgánico, lo veía crecer: luego cuando tuvo patrón también, porque lo veía. Pero hay una clave: es que los objetos se pierden de la pintura del mundo personal del trabajador. La pintura del mundo personal que tiene trabajador no son los objetos que construye, sino los objetos que va a necesitar. En todo caso también lo llevaría a otra cosa.

Pero hay una tercera forma de extrañamiento que es con los compañeros: el compañero no es un compañero. La discusión está en el hecho de qué significa tener un compañero, porque en la cadena de producción –volviendo a este siglo rápidamente– todo aquello que se habla del modo de gestión toyotista, a la japonesa, etc., los primeros inventos de Renault en la década del setenta sobre crear grupos eran justamente aumentando calidad de relaciones personales, [a lo cual refieren hoy los coaching ontológicos].

En esta relación también se distancian, porque el extrañamiento tiene una triple facultad con respecto a la plusvalía. Un exceso de lejanía, pero también es una desposesión de apropiaciones. Extrañamiento significa que el otro está lejos, que la cosa está lejos y que yo estoy lejos. Extrañar-se significa cederse, que se conecta con lo anterior, pero la cesión tiene que ver con los aquí y ahora que nombraba anteriormente. Lo que es extraño está de nuevo junto con las teorías de las enajenaciones, enajenado, extraño, justamente porque está constituido para continuar con la tercera pata de esto que es una totalidad no cerrada que se llama alienación. [Aquí deberíamos hacer una historia de la alienación.]

3.c) Alienación

La primera cuestión es que hay una relación de alineación respecto al hombre y la clase. ¿Qué significa eso acá? Que toca como una de las relaciones más interesantes que tiene como totalidad no cerrada contradictoria una teoría de la plusvalía es que –algo que no dije al principio pero que si tenemos que ir retomando– en estos procesos de apropiación de excedente se crean dos modalidades de apropiaciones. Atrás del trabajo necesario y del trabajo excedente, se crean modalidades de apropiaciones de, justamente, este excedente distribuido.

¿Qué es lo que nos queda? Empieza a reconstituirse algo que habíamos dejado atrás, en una parte del puzzle, que es la materialidad que tiene lo propio y lo ajeno. ¿Por qué? Porque si hay una cualidad de alguien alienado, por eso decía hacer una historia de la alienación y no solamente de la locura, como decía Foucault.

Una historia de la teoría de la alienación sería muy interesante porque si uno toma los textos sagrados, no solamente de los monoteístas, se podría comparar la historia de la noción de absoluto con la idea de alienado, en el sentido de separado. Porque una teoría de la alienación es una teoría de cómo se separa en el capital el propio trabajador del resto de los trabajadores, y de sus propios productos. Por eso lo que nos hace la alienación es dividir la existencia en-sí de la existencia para-sí. Porque la existencia en-sí y la existencia para-sí lo que nos da es el testimonio de que alguien se ha quedado con algo que no es de él. ¿Qué es ese algo que no es de él? Justamente hubo el doble proceso que avecinaba, o que yo decía antes en una de las partes del puzzle, la explotación que tiene que ver con la desposesión y tiene que ver con el despojo. ¿Por qué me despojan? Porque en todo caso la no coincidencia de la existencia en-sí de la existencia para-sí significa que la división entre propio y lo ajeno está siendo cada vez más tensada entre yo, como hombre genérico, y mi clase.

Una buena teoría de la alienación es una teoría sobre qué resultado tiene la apropiación del trabajo excedente. Es decir: no hay posibilidad de entender la relación que hay entre plusvalía "asalariada", la plusvalía en general con el sistema capitalista si no se la entiende desde una teoría de la alienación. ¿Qué significa esto? Si uno tuviera que decir qué significan los excedentes, tendría que, ubicar los excesos.

Justamente, la religión del capital, que es la abstinencia predicada para el obrero conjugada en primera persona por el capitalista, pero vivida por el capitalismo como lujo y derroche, tensiona justamente las diferencias entre existencia en-sí y existencia para-sí. ¿Por qué? Porque el excedente es siempre para el otro. ¿Por qué el ahorro ascético del capitalista, digamos del burgués protestante calvinista no puede ser entendido sin el despilfarro del burgués derrochador? Porque el momento en que uno puede ver esta relación, es en el tiempo-espacio donde la apropiación de excedente le implica al sujeto el hecho de tener que rendirse a los pies de un nuevo Dios, que es el mundo de las cosas, el mundo de las mercancías. Cuestión que ya había hecho antes de entrar al sistema fabril. Para poder entender lo que es el excedente en relación a la explotación, hay que entender cuáles son las modificaciones históricas, en cada proceso social, de las maneras como se va constituyendo esta materialización simple y llana del trabajo excedente en términos de una teoría de la alienación.

Interludio

No podría existir esto sin que Marx hubiera descubierto, con una sagacidad propia de los genios, de que en todo caso el campo de batalla del capital es justamente por la apropiación de plusvalía. Pero el campo de batalla de la plusvalía es el cuerpo. Por eso una sociología de los cuerpos/emociones en Marx no es un capítulo menor, sino uno de los grandes capítulos del poder del capital en la constitución de las sensibilidades. Cierro el interludio que no lo puedo explicar…en todo caso después…[11]

4. *Plusvalía Ecológica*

¿Qué ha pasado? Los sistemas de estructuración, decíamos al referirnos a la plusvalía relativa, se han modificado mucho. Por lo tanto, lo que quiero presentar es la idea de plusvalía ecológica. En esto vuelvo al título de la charla hoy. Plusvalía, técnicamente, hay una sola. Pero es feo decir que hay una sola, porque significaría que uno tiene el mismo problema que con la madre, y como yo no quiero tener ese problema con la plusvalía, digo que plusvalía no hay una sola. ¿En qué sentido? En todo caso, si el capital es trabajo acumulado, y si la plusvalía se define por la pura y simple materialización del trabajo excedente, debemos ver que durante todo el siglo XX lo que realmente se hizo fue generar una nueva fase del capitalismo donde la "naturaleza" –en términos de activos ecológicos– toma cuerpo como producto del trabajo y trabajo del producto.

Para decirlo de otro modo, una de las cosas que me llevan a pensar que puede existir la plusvalía ecológica en relación a la plusvalía salarial, es que ya no es un solo instrumento de trabajo, ya no es solamente un medio para la concreción, sino en todo caso es lo que hace que de esta concreción de excedente sea posible. Es decir: una de las cosas que me llevan a pensar que podemos deducir plusvalía ecológica es justamente porque en los activos ecológicos se cristalizan el trabajo histórico de apropiación de la plusvalía salarial, como límite de su propia acción. Y tiene su propia dialéctica es decir del trabajo humano acumulado.

Vamos a dividir en dos: Plusvalía ecológica uno y plusvalía ecológica dos.

Tengo bienes comunes, ¿Qué son los bienes comunes? Energía, pura energía. Pero porque el aire es energía, el agua es energía, la tierra es energía de alguna forma. Pero los bienes comunes ¿porque son cómo son? Hay cinco compañías que manejan el agua en todo el mundo, por lo menos la parte de distribución. Hay diez compañías que manejan toda la energía petrolera en el mundo, tres son las más importantes, una acaba de abrir un banco nuevo en la Argentina, un banco chino, lo cual resulta "muy interesante".

No podemos decir que el aire sea gratis porque, de este modo, tendríamos graves problemas para explicar por qué las grandes compañías contaminadoras han creado en bolsa las acciones de carbón. Las grandes compañías cotizan en bolsa las acciones de carbón de forma tal que ellos venden, especulan con la lógica de la bolsa. ¿Cómo funciona esto? Imaginemos que una persona tiene un auto, se considera un "piola", pero a la vez hace bonos, acciones que los otros compran, entonces en eso está remediando; como muchas de las acciones verdes, acciones compensatorias, de remediación.

Una cosa que no he dicho todavía, pero que he enunciado, es la energía corporal, que también es parte de los activos. Y la energía corporal es muy interesante porque no es individual. ¿Por qué es un bien común? Porque en todo caso nosotros podríamos tener energía corporal sin procesos sociales mediatizados por el capital… [ya los quisiera ver a ustedes acá sino hubieran comido bien cuando chicos…Imagínense esta conferencia en Zaire!].

Una de las cosas muy interesantes que tenemos es que los seres humanos compartimos algo, y es el modo como nosotros hacemos con el mundo y venimos al mundo, que es esta especie de energía que son nuestros cuerpos. Y esto tiene mucha importancia porque usted no puede hacer funcionar esto.

Supongamos que mantenemos la energía mecánica, simplemente para que nos entendamos, mantenemos esta analogía. ¿Usted qué tiene que tener? Agua, todo el mundo le dice que usted tiene que tomar dos litros diarios de agua. ¿Usted qué tiene que tener? Calcio, ahí viene lo bucodental. Usted que tiene que tener…? Todo esto que "tenemos que tener", proviene de los bienes comunes privatizados a los que hice referencia anteriormente: agua, petróleo, la tierra; bienes privatizados que tendrían que ser comunes.

En esto consiste el gran giro del capital, en haber privatizado la fuente de activos ecológicos. Alguien me podría hablar sobre el carbón, "¿No te acordás del carbón y la máquina de vapor?" Eso ya estaba privatizado. Por supuesto que parte de la revolución industrial es parte clave de la evolución del capitalismo. Lo que nosotros estamos diciendo acá es que se genera un contexto de producción totalmente distinto, no al incorporarlo como mediación o como pura mediación, sino como condición de posibilidad de la mediación. Y hay un rasgo que tiene el capital: es que es un gran borrador de mediaciones, porque una de las cosas que no soporta –no se puede soportar porque teóricamente sería imposible, humana, subjetiva y socialmente imposible– es que la totalidad tenga doble sentido. Imagínense si un trabajador hiciera todas estas conexiones que nosotros hacemos. En realidad, vivimos más o menos bien porque no tenemos la mediación, pero la producción de estas no mediaciones tiene que ver con la apropiación individual de los bienes comunes, etc.

¿Cuál es la clave de la plusvalía? Hay un plus operacional que todos generamos. Voy a dar un ejemplo de esto, utilizando la ironía para que se me entienda: cuando usted está en la playa y dice: ¡Que descanso me estoy dando! ¡Cómo voy a trabajar cuando vuelva!

El tiempo del excedente de reorganización de un sistema llamado subjetividad, individualidad, cuerpo, está justamente puesto en la configuración de acumulación, distribución y circulación de las capacidades pre-operacionales de los individuos Y esto está narrado, justamente, en las energías corporales y se encuentra, a su vez, tensionado con la capacidad de disposición para la acción.

Por lo tanto usted, cuando vuelve el lunes, está más cansado que el día uno cuando se fue, cuando vuelve del fin de semana largo o de los quince días de vacaciones, las cuales cada vez son más cortas, por razones obvias. Cuando usted vuelve el lunes lo que ocurre es que descubre que no solamente las condiciones de operacionalidad no han variado, sino que... las "vacaciones"... se han constituido lo que Marx explorará como "La economía política de la moral". Usted en realidad volvió porque las condiciones de pre-operacionalidad tienen que excederse en el imperativo del volver. Como usted ya no es dueño del aquí y ahora, es del excedente de una existencia para otro, obviamente que el aquí volver le da sentido a la vida. En el sentido sociológico —no se me ocurre decirlo de otro modo— de que los sujetos están en condiciones de acciones nuevamente. Dígame usted cómo distribuir los bienes comunes y le diré cuál es la disposición de acción que tienen los sujetos.

Por eso, en este país, hay sujetos que casi no hablan: no pueden hablar porque tienen hambre; o en otros países hay sujetos que no pueden caminar porque no tienen piernas, porque están en campos minados. Es cuestión de saber cómo se distribuyen los bienes comunes, para así yo poder decir qué disposición a la acción hay en una política de los cuerpos y en una política de las emociones que se constituyen como centro del trabajo de explotación de capital a nivel global.

¿Cuál es el trabajo de explotación del capital a nivel global ahora? La expropiación y la desposesión de los activos ambientales, que nos darían las condiciones para reconfigurar estas posibilidades de acción.

Plusvalía ecológica dos: en los equilibrios ecológicos, es sobre esto que se basa el capital, ¿Por qué? ¿Qué es lo que en realidad hace el capital? Exige a su propia forma de constitución de valor un sobretrabajo, no ya con las mediaciones sino sobre su constitución de existencia. No habría constitución de planeta sin nosotros, pero sin planeta tampoco habría "nosotros"; y por lo tanto lo que hay es un sobretrabajo que se materializa, se cristaliza en los activos ambientales, pero a través de la depredación del activo ambiental... [que comienza con la apropiación del excedente de la energía corporal...]

¿Qué significa esto? Lo que sucede es que se ha transformado en algo para vender y algo para comprar, gracias al trabajo del equilibrio ecológico, los activos ambientales como condiciones de posibilidad de vida *[... hacen que el "mundo" siga siendo "mundo" para la apropiación desigual y diferencial...].*

Y por lo tanto lo que hay es excedente, explotación, materialización, tiempo y sistema de producción. Por esto la forma en que podemos ver la plusvalía ecológica son estas concreciones de la desposesión, a través de todo el sobretrabajo que se le exige al planeta para mantener estos equilibrios ecológicos, ¿a favor de qué? A favor de la concreción de la plusvalía salarial como la vimos, justamente en la apropiación de excedente por parte del capital. ¿Pero nosotros que necesitamos para poder hacer eso? ¡Aceptarlo!

5.   *Plusvalía Ideológica*

Nuestro problema es que no hay capital sin prácticas ideológicas; es decir, no podría haber acumulación de excedentes sin las formas de las prácticas ideológicas que existen hoy en día.

Si hay algo que mantiene unido a una sociedad –más allá de que quizás no sea el caso de nosotros los argentinos– son las morales; hace poco hice mención a la economía política de la moral. Algo de esto que está ahí adentro es justamente la creencia que tenemos los sujetos, que le damos los sujetos a las narraciones/prácticas. El grado que le damos de verosimilitud, adecuación de expectativas y condiciones de realizabilidad. Y esto se da porque tiene que ser una práctica de narración verosímil para mantenernos unidos, porque en todo caso tendríamos que decir algo así: ¿Argentina existe? Sí. Hay una fantasía, que la Argentina es rica, y en realidad la Argentina no es rica: hay algunos ricos que viven en la Argentina, que es otra cosa. [Hay un sobre trabajo de "creencia" apropiado/manejado...por otro.]

Esta es la idea: las sociedades crean condiciones de adecuación de expectativas muy fuertes. Porque las necesitamos, porque sino no podríamos subir al ómnibus. Imagínense levantando la mano para parar el ómnibus y decir "¿Cómo era esto...? Hay que levantarla en cuarenta y cinco grados, paralelo al pecho...". Uno sabe que levanta la mano, y el chofer sabe que está parando el colectivo, y no es que lo está saludando.

La adecuación de expectativas tiene que ver con que una sociedad genera estas adecuaciones para poder "soportarse", –al igual que antes hacía mención a la idea de soportar ser sí mismo–, las sociedades se soportan por eso. Pero tiene que haber otra cosa, tienen que haber condiciones de realizabilidad, porque en todo caso nosotros necesitamos saber, con cierto grado de amplitud pero también de confianza, que el chofer del colectivo me va a entender y va a parar. Estoy seguro que cuando suba con la SUBE va a saber que no voy a dejar de pagar. Pero lo que tiene que ser posible es que yo vaya a mi trabajo y a mi casa.

Todo eso es parte de la economía política de la moral, y es parte de las políticas de las sensibilidades porque genera un conjunto de prácticas ideológicas que están asociadas a una serie de procesos sociales para que la sociedad se mantenga unida, para decirlo de alguna manera.

En el siglo XXI, el capital se dedica a construir una máquina de fabricar emociones, [más allá de que conozco un contra-argumento parcial: "no puedo comprar un cuarto de miedo", no lo abordaré hoy…].

Lo que quiero discutir acá es la noción de trabajo, de excedente, de creencia para que la aceptabilidad sea posible. Desde Hollywood hasta Tinelli, desde el Papa hasta los partidos políticos trabajan sobre estas condiciones de producir amalgama, es decir, de producir cemento, cohesiones, creencias. Por ejemplo el Marketing, el minuto a minuto: esas son maneras de entender que hay un gigantesco sobretrabajo en la lógica de la plusvalía ecológica, que hay un gigantesco trabajo de las sociedades tratando de reforzar lo que ellas denominan, como verosimilitud, condiciones tentativas y condiciones de realización. ¿Por qué? Porque en todo caso lo que hay es una apropiación del excedente de esas creencias, vuelta ahora mercancía.

Pongo un ejemplo: una cosa es ser solidario y otra cosa es el solidarismo. ¿Saben en qué se diferencia el ser solidario del solidarismo? Es con algo muy central, y es que, al único que beneficia el acto, es al que da. En el momento en que se da se constituye algo bien interesante, que es siempre el vacío del otro lado y el lleno de este. Y como dijimos al principio, el plus tiene que ver con lo lleno. Lo que hace el capital es generar mecanismos sociales de solidarismo que lo pone a venta. Vender no simplemente significa, y Marx lo tenía muy claro, sobre los valores de uso que tiene eso. Obviamente que hacen falta frazadas para el invierno: el problema es la campaña de la frazada.

Procedo a comentar el segundo nivel de lo que quiero decir, ¿por qué el capital produce esto? Porque es parte constitutiva de las formas de acumulación de excedentes que tiene. Si usted cree que ha comido, tomado, ingerido todo el calcio posible, ya ha tomado toda el agua necesaria, puede comer mañana, tarde y noche: puede entrar en relación con otros sujetos, ya que tiene dientes, por ejemplo, y su piel no está amarilla. Así, usted lo que ha podido hacer es ponerse en condición… ¿de qué? De venta.

Porque si hay algo que configura parte de las creencias es la aceptación. Eso es la economía política de la moral. La aceptación sin ninguna culpa de que el capital es la única forma de organizar la manera de distribuir el excedente.

El capital ha puesto ahora toda su energía en el siglo XXI para construir procesos de elaboración de excedencia que nos hagan aceptable el hecho de que es el único sistema de vida. Y eso no solamente tiene que ver con cómo yo soporto la vida, sino como yo "soporto" el capital. Cuando yo vuelvo a mi trabajo, al igual que cuando vuelvo de mis vacaciones, como cuando vuelvo de las relaciones prohibidas a mi casa, lo que hay es una afirmación de la separación que existe en todo proceso de apropiación de excedente entre la vida de uno y la vida del otro. En un sentido de la existencia, como lo dije anteriormente.

Quiero hacer una última mención sobre esto. La plusvalía ideológica, se concretiza, se materializa en un juego bien complejo e indeterminado, entre el deseo, la necesidad y los bienes. Entonces, una de las cosas que diferencia entre trabajo necesario y trabajo excedente es la relación entre deseo, bienes y proceso de producción. Ya lo tenemos, porque los procesos de construcción ideológica –es decir la plusvalía ideológica– lo que hacen es garantizarnos que el enorme trabajo que hacen las sociedades por estar juntas, en todo caso, va a estar al servicio de la acumulación de excedente de la relación que hay entre necesidades, deseos y productos.

Por eso lo que hoy hacemos de la mejor manera, en el sistema capitalista, es consumir. Si uno va a cualquier país europeo en este momento, se dará cuenta que es cierto que hay una enorme crisis, que la crisis es importante, todo el mundo se los va a decir: es la crisis del consumo, porque las formas sociales de consumo han variado en función de estas variaciones que dije anteriormente.

6. Plusvalía… ¿hay una sola?

Volvamos ahora a algo que decía al comienzo: volvamos a la cinta de Moebius, pleguémosla. En una parte de la banda vamos a ver el sobretrabajo que genera expropiación por un lado, desposesión por otro y en el centro de la torsión están justamente estas energías, las energías individuales, las energías colectivas, las energías subjetivas: las energías que tenemos, en todo caso, como forma mobesiana de entender que significa ese exceso.

Entonces, si usted ve un espiral ascendente, una figura clásica de la dialéctica, el excedente está abajo, pero que tengo como tensión en un segundo momento: el exceso.

¿Qué son las condiciones materiales de existencia? Son las formas como los cuerpos se reproducen a sí mismos de manera tal que condicionan su propia reproducción. Entonces, ¿qué relación hay entre plusvalía y exceso? La plusvalía consagra el hecho de que en las relaciones sociales los excesos van a parar en mano de algunos, de muy pocos. Lo que se comparte, en todo caso, son los gastos. ¿En qué sentido no se comparten? Existe una tensión que quiero poner entre exceso y gasto, que es la de gasto festivo.

¿Qué es trabajar? Es gastar, porque gastarse significa aferrarse a la capacidad de exceso que tenemos de crear el mundo. ¿Qué es el capital? Un sistema de relaciones sociales que distribuyen desigualmente, desposesivamente, la capacidad de acumular lo que éste exceso tendría que ser en relación al gasto. Porque en tal caso lo que hace es, y esto lo ve Marx muy claramente, poner en la base del sistema la discrepancia de clases entre los disfrutes y los deseos de otros. Por eso hace mucho tiempo se viene discutiendo, sobre todo entre algunos teóricos marxistas, esta relación que hay entre pasión y disfrute en Marx, a través de su idea de goce.

Porque si uno recorre *El Capital* va a ver esta relación:

En primer lugar, que cuando usa la palabra disfrute, lo usa siempre referido al capitalista, en términos que es una posibilidad que le queda en la apropiación excedentaria. Porque disfrute está asociado, en la época, a confort, en el sentido de condiciones de existencia. Y lo que se maneja como condiciones de existencia está en una tensión dialéctica con lo que Marx va poniendo alrededor de la pasión, que está relacionado con algo que le es propio al sujeto en su carácter de hombre genérico.

Ahora bien, ¿en qué consiste el régimen de estructuración de la plusvalía y el régimen de la alienación? ¿En qué consiste el fetichismo de la mercancía? En que el régimen de las cosas gobierna sobre el régimen de los hombres. Y lo que está enclavado en la dialéctica de plusvalía ideológica, plusvalía ecológica y plusvalía asalariada es que el régimen de las cosas le gana al régimen de los hombres. ¿En qué sentido les gana? En lo que significa salvar en inglés, "to save", que significa ahorrar, que significa sacar, ¿sacar de dónde? De juego, apropiar para uno, para un Otro que hace que la ley se cumpla solamente porque es parte de la economía política de la moral.

Para finalizar y volver al título de la conferencia. Para la segunda parte, la "de madre hay una sola". Hay un cuento que dice en qué se diferencia una madre judía de una madre italiana. Frente a algo que hace el hijo, la madre judía dice "¡me vas a matar!", mientras que la italiana dice "¡te voy a matar!". ¿En qué consiste el capital? En algo que está entre la madre judía y la madre tana: sea mercancía y no muera en el intento.

Coda[12]

La idea es re-vincular las disposiciones teóricas de pluralidad, situacionalidad y posicionalidad con las metamorfosis del capitalismo y las diversas maneras de "gestionar" desposesiones.

Las clases sociales son el conjunto de posiciones y disposiciones de las relaciones sociales que emergen del entramado que se produce entre expropiación, "disfrute-desde-el-otro" y desposesión común. Estos tres momentos configuran los regímenes de dominación, que instancian las modalidades particulares que cada formación social adquiere en un momento de la estructuración de las formas, que toman las condiciones materiales de vida, inscriptas en las diversas fases de expansión del capital. Al deshilvanar la totalidad compleja y dialéctica de las situaciones de clase, en una geometría elaborada entre contingencia, acontecimiento y estructura, aparecen las mediaciones invisibilizadas que le otorgan su carácter fantasmático y fantasioso.

Las clases sociales siempre están asociadas a un estado particular de las formas que adquieren las geometrías de los cuerpos y las gramáticas de las acciones. Los agentes sociales se aprecian y son apreciados, como tales, en el contexto de las diversas maneras que ellos mismos producen, en las distancias y las proximidades que los relacionan. Desde dichas "ubicaciones", los agentes aprehenden, elaboran y formatean las estructuras cognitivo-afectivas que les permiten/imponen ocupar los lugares sociales que producen las relaciones, por ellos, sostenidas. Las diferentes posiciones y disposiciones arman unidades modulares que se constituyen, como tales, de acuerdo con diferentes rasgos estructurales de las distancias y ubicaciones producidas "en-el-tiempo" y "en-un-tiempo".

La fisonomía de los rasgos estructurales es cambiante pero se refiere, de una manera u otra, a las modalidades particulares de expropiación, "disfrute-desde-el-otro" y desposesión común, que el capitalismo, en su metamorfosis permanente, se da a sí mismo como garantía de su reproducción.

La expropiación tiene por objeto las fuentes de energía corporal y social que producen valor y valorizaciones de los agentes, de los objetos y de las relaciones entre ellos. En el marco de la mercantilización de la vida, las relaciones de producción garantizan que se expropie a los agentes en una doble dirección: se les embarga su energía corporal, en el sentido que se la toma como garantía para la provisión de los límites mínimos de reproducción bio-social, y se les incauta su energía social en tanto se les quita las potencias de vinculaciones no mercantiles entre ellos. En la tensión entre embargar e incautar, entre embargado e incautado, nace una de las fuentes de las posiciones entre colono y colonizado, particularmente en el Sur Global. La expropiación es el eje del enclasamiento en tanto prácticas de clase que posibilitan (y potencian) la naturalización de los lugares y condiciones de expulsión social.

El "disfrute-desde-el-otro" es uno de los artículos de fe más importantes de la trinidad secular de la religión colonial elaborada con base en el solidarismo, la resignación y el consumo mimético. La estructura libidinal del capital se "arma" (en todas sus denotaciones) en el trípode de *objetificación* del otro, mediatización del otro y privatización de las pasiones. Las astucias de una economía política de la moral, para individuos, convierten, a los mismos, en objetos, generan la aceptación de sí como dispuesto para el consumo de otro y consagran, a los procesos de constitución de objetos, como "medidas" de los sujetos. *Objetificar* es poner, en estado de reificación, a los seres vivos (en especial a los seres humanos), elaborando su estatus de objetos que implica la cosificación de la vida.

En la misma dirección, el otro aparece como un medio para un fin: el "otro" es un medio para "mi" goce. Las cualidades del objeto, que vuelto "simplemente" una cosa que puede ser comprada, vendida y acumulada, se traspasan al que tiene la potencia de comprar, vender y acumular cualquier objeto. Las prestaciones de disfrute del otro, como objeto, son constitutivas de las vías posibles para un "mí" desanclado de todo otro tipo de relación que no sea la mercantil.

Es, en este contexto, donde la condición *sine qua non* del capitalismo hace su aparición: privatizar las pasiones para hacer del mundo de los hombres un mundo de cosas. La *objetificación* y la mediatización se dan sólo si se paga el precio de un goce que deja atrás las pasiones, dando paso a unas redes múltiples de mediaciones de disfrute. El buen colono –invirtiendo las prácticas religiosas anteriores– debe ganarse para perderse en un mar de sensaciones que no son más que objetos dispuestos para un disfrute, irreversiblemente fugaz e instantáneo: el colonizado es el primer objeto de dichas prácticas.

La desposesión común es el tercer eslabón de los rasgos estructurales que marcan las constituciones de las clases sociales. La base de toda expropiación y "disfrute-desde-el-otro" la constituyen la usurpación, la expoliación y el despojo de aquello que le es "común a todos los hombres" en un tiempo y espacio particular. Las relaciones sociales de producción se sustentan en una sustracción sistemática de los activos sociales y ambientales que realizan unos pocos grupos concentrados, que disponen de cuantiosos volúmenes de "poder-sobre" el planeta. Sustraer es una forma de desposeer a los otros de lo que les corresponde en común por las vías, aceptables y aceptadas, del dulce comercio planetario. El "continuo" moebesiano de la sustracción es la expoliación en tanto fraude: las promesas incumplidas de una redención por el consumo mimético. Las formas sociales de los actos de heredad y des-heredad que se producen en la apropiación privada de lo común, son el resultado de la transmutación fantasiosa de la equivalencia entre lo que se quita y lo que se da. Es, en este marco, que las bandas espiraladas que se producen entre sustracción y expoliación elaboran el acto inaugural de la colonia: el despojo. Lo que es de todos es arrebatado bajo la cobertura del "como-si"; es decir, hacer de cuenta que se hace una cosa sabiendo que se hace otra. Arrancarle al común, en nombre de una totalidad hipostasiada como derecho individual, es el acto visceral de poner al mundo a los pies del colono.

Se puede observar, por lo expuesto hasta aquí, cómo se van produciendo estas unidades modulares de posiciones y disposiciones, en las relaciones sociales que llamamos clases sociales, con base en la expropiación, el "disfrute-desde-los-otros" y la desposesión común. Dichas unidades son múltiples, pero no infinitas, son construidas por las vinculaciones en las relaciones, pero no creadas por el ojo observador a tabula rasa, son cambiantes, pero operan en el marco de sus tensiones dialécticas, son, a la vez, producto y productoras de una genética reticular y espiralada. Es así que, las clases sociales, son "tributarias" de una madeja condicional entre contingencia, acontecimiento y estructura. La contingencia se trama alrededor de las bandas múltiples que operan entre existencia (práctica) e incertidumbre, el acontecimiento adviene en la tensión permanente entre modelización epocal e indeterminación relacional; mientras que la estructura consiste en las tramas reticulares entre acontecimientos y contingencias que hilvanan y *pre-tensan* las existencias posibles.

Es, en dicho contexto, que las pluralidades de clases se pueden diagramar teniendo en cuenta las posiciones que emergen desde los lugares que los individuos y colectivos tienen respecto a los procesos de expropiación. En esta dirección, hace falta esclarecer cuáles son las formas y los contenidos que tienen las diversas maneras de cristalización de las apropiaciones excedentarias de sobretrabajo en la actual situación colonial. Una vez que se ha indagado cómo se instancian clase y expropiación, se puede comprender mejor el rol fundamental de los saberes/conocimientos "tecnológicos" en nuestras maneras de ver y sentir el mundo.

Es posible comprender la conexión entre la plusvalía obtenida del trabajo asalariado, la plusvalía ecológica y la plusvalía ideológica, en tanto su "funcionalidad" como dispositivos de acumulación por apropiación excedentaria.

Las maneras de ligar las clases con las estructuras de expropiación radican en las madejas de cruces entre explotación del trabajo (en la metrópoli y en la colonia), la desposesión de los volúmenes de energía inscriptos en los activos ambientales y en el trabajo, socialmente necesario, para gestionar las sensibilidades. Las diagramáticas de clase, en la actual colonia, se encuentran en las expropiaciones excedentarias respecto a los cuerpos en trabajo, los bienes comunes y las políticas de las sensaciones.

Notas

1) Freudianas 31 de mayo de 2013. Espacio de invitaciones: "Otras voces". Conferencia a cargo de Adrián Scribano.
2) La exposición ha sido editada tratando de mantener el carácter coloquial de la misma, no así la parte del diálogo que se ha dejado tal cual fue desgrabada. Se agradece la colaboración en la edición de Juan Ferreras y Macarena Sáenz.
3) O al menos esa es la anécdota que se cuenta en la doxa académica.
4) Para una introducción a las ideas de Bhaskar, en Scribano, *Estudios sobre teoría social contemporánea* (Buenos Aires: CICCUS, 2009).
5) de Hipona, A., *Principios de dialéctica* (Bogotá: Ed. UNIANDES, 2003).
6) Postone, M., *Tiempo, trabajo y dominación social* (Barcelona: Marcial Pons, 2006).
7) Obra de Escher llamada *Relativity*, disponible en: http://www.mcescher.com/gallery/most-popular/relativity/.
8) Möbius Strip II, disponible en: http://www.mcescher.com/gallery/most-popular/mobius-

strip-ii/.
9) Mészáros, I., *Marx's Theory of Alienation* (Londres: Merlin, 1970).
10) Se hace referencia a la película *Tiempos modernos* de Charles Chaplin.
11) Cfr. Scribano, "Sociología de los cuerpos/emociones", *Revista latinoamericana de estudios sobre cuerpos, emociones y sociedad* (10, 4), 2012: 93-113.
12) El presente texto ha sido incluido como síntesis-puente entre lo que expusimos en el capítulo y el anexo que sigue a este (si el lector decidió leer el libro en ese orden).

Anexo: Marx indeterminado[1]

1. Introducción: Perspectiva de la Indeterminación

Gracias por estar acá. Lo primero que tengo para decir es que la principal razón por la cual estamos reunidos hoy es porque apoyar iniciativas como ésta tiene que ver con cambiar una lógica de reproducción del conocimiento, de lo académico y de lo intelectual. El CIIS[2] está formado por jóvenes sociólogos que están pensando de una manera diferente su actividad intelectual y también es por eso que hemos elegido para este seminario la temática que nos convoca.

La idea que tengo es, en primer lugar, comentar de qué se va a tratar el curso, luego configurar una posición global para, finalmente, avanzar en una posición particular.

La primera cuestión que debo aclarar es el título. Hace alrededor de diez años y, posiblemente, más –dependiendo de la posición geopolítica que se asuma– en el discurso académico emergieron posiciones ligadas a un "marxismo sustancialista" –"Marx es sustancialista" sin diferenciar entre marxismo y Marx– o "Marx es dogmático" –una de las teorías discursivistas contemporáneas más importantes se basa, precisamente en esto, en que el marxismo es sustancialista, aún sin entender qué significa–. Por otro lado, otros, amparados en el neoliberalismo, en tanto ideología oficial del globalismo, afirmaron cosas tales como "el marxismo se ha terminado, ha muerto, las ideas de Marx no están vigentes"; considero que, ahí, existe la mala intención de confundir la derrota política y militar de algunas organizaciones, que se decían de izquierda –o que eran de izquierda–, con la lógica de la razón presente en los textos de Marx o en la enunciación del marxismo. Pero, también, salieron a discutir, desde una óptica más bien ético-política, la cuestión de que "estamos en el mundo de la diferencia; Marx es un discurso moderno, que piensa en la totalidad y por ello impide ver la diferencia". El objetivo del curso es de-construir, en la medida de lo posible, dichos argumentos.

Como decía, es conveniente comenzar el curso clarificando el título del mismo: ¿por qué lógica de una sujeción indeterminada?, ¿por qué intentaré realizar una lectura intempestiva de Marx en el siglo XXI?

A diferencia de la dogmática escolástica, es decir, la que normalmente se afirma en nuestras universidades, cuando uno visita los dos textos más fructíferos de Marx –*Los Manuscritos* de 1844 y el capítulo sobre la Mercancía y El Dinero, de *El Capital*–, se encuentra con un Marx relajado, a un señor que cita a Goethe, a Shakespeare, que está pensando en una especie de de-construcción de un sistema social y que apela, reiteradamente, al hecho que una de las trampas del sistema consiste en verlo seco o coagulado cuando, en realidad, es puro movimiento. Es cierto que cualquiera podría afirmar que la noción de *indeterminación* surge a partir de la física cuántica y que, por lo tanto, Marx no podría tener ni idea de su significación o no sería fácil encontrarla en autores del siglo XIX tal y como la cuántica lo ha expuesto, pero hay una lógica que suelo poner como ejemplo respecto a la indeterminación y es la relación que Marx veía entre lo que unos podrían llamar "sustancia" y otros "esencia". Es decir, la diferencia entre aquello que se mueve y es práctico – la constitución de una actividad que es una esencia – y lo sustancial en términos de lo concreto, coagulado. Creo que este ejemplo se conoce muy poco y, por lo tanto, se ha debatido poco, y son los escritos matemáticos de Marx. ¿Qué tema de las matemáticas abordó Marx? El cálculo diferencial. Todos sabemos que el cálculo diferencial intenta medir la tendencia al límite de las posicionalidades que existen en una determinada dimensión. Marx siempre estuvo buscando este cálculo, aunque desapercibidamente. En una carta a Engels afirma, muy claramente, que se tiene que dedicar a "estas cosas", ¿por qué? Porque en los "Manuscritos Matemáticos" analiza, a partir de las distintas etapas de la historia de las matemáticas, las formas a través de las cuales se ha llegado al cálculo diferencial –analizando autores como Newton, Leibnitz y Lagrange–. Así observa una especie de desmitificación de la conciencia matemática en el proceso que se va dibujando en esa historia. ¿Por qué hablamos de lógica de la indeterminación? Porque, para Marx, el punto límite tiene la misma lógica que nosotros estamos acostumbrados a recibir en el siglo XX: no hay un "in" y un "out", la lógica del autor es mostrar cómo, la lógica del capital es pura movilidad y la indeterminación –al menos en la Filosofía de la Ciencia, desde la década del '80 hasta hoy– tiene tres acepciones.

Primera: aquello que no se puede determinar, ¿qué significa esto?, ¿significa que no se puede medir? No, significa que no hay ninguna cualidad interna a la lógica de ese propio fenómeno que nos apunte de qué modo será de una vez y para siempre. Y esto es, justamente, lo que opina Marx respecto al capital. El sistema capitalista no se puede decir de una vez y para siempre.

Segunda: por contraposición a lo inherente y lo contingente. Uno podría decir que la indeterminación es aquello que no le es inherente a algo y aquello que le es contingente a algo. Nosotros tenemos una idea, muy del siglo XIX, que Marx no vio la contingencia; uno de los motivos por los cuales vamos a analizar la lógica de la mercancía es porque en las relaciones de los equivalentes existe una lógica de la contingencia, por eso, en alguna parte del programa de este seminario, se explicita la lógica de la identidad.

Tercera: algo indeterminado parece tener un carácter "gelatinoso" –utilizando una expresión del propio Marx–. En este sentido, suelo utilizar una metáfora: es como remar en gelatina; eso es indeterminación: no hay puntos estáticos en el trazado de un proceso; lógica que Marx vio en la configuración del trabajo, por lo tanto, tendremos que discutir la relación existente entre capital y trabajo.

¿Pero por qué hay una indeterminación en la sujeción? Considero que este es el lado que Marx descubre con una belleza incomparable. Descubre la lógica de una sujeción que está más allá de la voluntad de los hombres, pero que está construida, por esa misma voluntad, en un proceso que, al ser indeterminado, no tiene un punto de entrada y otro de salida, sino que, justamente, se refiere a esa sujeción para poder ser leído como tal. Desde una perspectiva "psicoanalítica", Marx descubre que todo marco está enmarcado en su propio punto de enmarcación y ese es el tipo de sujeción que observa en el capital. Esto conducirá a otra frase que también suelo utilizar: "sea mercancía y no muera en el intento". Marx descubre que en la sociedad existen una serie de disposicionalidades que le permiten y le obturan al sujeto una serie de relaciones y no otras. Posiblemente con estas disposicionalidades uno pueda pensar, de este modo, la sujeción y también la noción de clase.

Ahora bien, ¿por qué tiene una lógica? Porque la incertidumbre –cuestión que aún no he abordado como sinónimo de "indeterminado"– es una lógica, es decir, es sistemática. Esta sujeción indeterminada no es ni pura contingencia ni pura inmovilidad porque, si fuese pura, sería nada más que eso. Marx descubre que es un sistema que, a pesar de descomponerse en partes, se refiere a un todo. Es decir, la lógica de una sujeción indeterminada consiste en obturarle, al sujeto, las mediaciones que hacen posible la totalidad que lo enajenan y que, a la vez, lo hacen ser ese sujeto y no otro (buen padre, trabajador regular, etc.) En otras palabras, la disposicionalidad de la famosa lógica lacaniana de la multiplicidad (la posibilidad de ensimismar a un "yo" con respecto al otro) es la clave de bóveda de entrada al edificio de Marx sobre el capitalismo.

Ver la sujeción indeterminada como una lógica es una lectura y, cuando hablo de lectura, me refiero a que existe una relación entre prever que en el texto existe lo que yo digo, lo que digo efectivamente, y lo que el autor quiso decir. Este triángulo hermenéutico –que algunos denominan círculo– es imposible de romper salvo por la voluntad del interpretante. En este sentido hay dos figuras posibles: o la hermenéutica se refiere a la constitución interna del sentido, o el sentido es apropiado por el lector. Si bien la historia de la hermenéutica es muy vieja –comienza con los textos religiosos, incluso antes de lo judeo-cristiano –aquí proponemos una lectura, no la única, de tipo intempestivo. ¿Qué significa intempestivo? Irreverente, no sacralizado, sin necesidad de autorización, no adecuado a norma. De modo irrespetuoso en la forma que es, posiblemente, en la que el propio Marx haya escrito.

Aquí tengo 50 páginas de citas. He hecho un especial esfuerzo por extraer citas de *El Capital* para que no queden dudas de que el análisis que haré, si bien es irrespetuoso, y por lo tanto provisto del carácter irreflexivo que da lo intempestuoso, se refiere a un Marx leído desde el siglo XXI. Es decir, no podría dejar de tener en mente las nociones de complejidad, indeterminación, reflexividad y relacionalidad. Sin embargo, es muy posible que estas cuatro "leyes" de las Ciencias Sociales contemporáneas estén presentes en Marx. Cuando uno se sumerge en este tipo de trabajo académico-intelectual sabe que el peor error que puede cometer es pensar: "ya lo escribieron los griegos". Justamente porque no es dogmático, *El Capital* no es una biblia, pero también pienso que, en ese libro, hay una lógica que no se ha respetado en función de la lógica que el texto tiene. Insisto en que ésta es una de las lecturas posibles.

También es una lectura desde el siglo XXI porque soy deudor de mi propia formación que, por mi edad, tiene lugar cuando las derrotas política y militar habían tenido éxito y la academia se aprestaba a tirar al bebé y al agua simultáneamente. Por lo tanto, aquellos que quisimos leer a Marx no sólo tuvimos que hacerlo a escondidas sino, también, bajo el supuesto que, tal vez, estábamos haciendo una lectura perdida o improductiva.

El objetivo, entonces, es mostrar, en los textos de Marx, esta lógica de la indeterminación como una lógica de sujeción que tiene que ver con una sistemática forma de metamorfosis de lo social, para que uno "pueda ser mercancía y no muera en el intento". Desde esta perspectiva, he propuesto cinco ejes.

La primera parte estará orientada a una suerte de aprestamiento metodológico, es decir, uno no puede comenzar a hacer una lectura de este tipo pensando que Marx es materialista porque considera que la "economía lo domina todo". Esa es una idea producida por el desastre de las derrotas políticas y militares, pero no tiene que ver con la lógica interna del pensamiento de Marx. Es decir, si fuera tan sencillo suponer que el pensamiento de Marx se resuelve con el hecho que la economía domina todo, no estaríamos aquí hoy, si no, que levante la mano el que cree que la felicidad se obtiene a pesar del dinero. Esta es la lógica que descubre Marx. Un aprestamiento metodológico precisa dos cosas: primero, mostrar qué pensaba él y de qué modo lo hacía. Como podrán observar, todas las lecturas que realizaré en este curso estarán divididas en cuatro partes, porque la dialéctica tiene precisamente cuatro momentos – en realidad son tres, pero sin este cuarto momento no sería posible entenderla – sobre todo la dialéctica hegeliana que Marx rompe y de-construye.

Todos pensamos que es sencillo entender la dialéctica porque es tesis-antítesis-síntesis, ¿pero qué significa? Si algo aparece como positivo significa que hay algo en ese movimiento que lo ha engendrado como su negativo. Pero este algo que lo ha engendrado como su negativo implica, en ese propio movimiento, la síntesis entre ese positivo y ese negativo. Esto significa que hay un proceso, por lo tanto, no hay tres momentos sino cuatro e,s decir, el proceso por el cual cada uno de estos tres momentos dependen entre sí de una totalidad. Así, cada vez que aborde un tema expondré en cuatro momentos.

La primera es la perspectiva de la indeterminación, comenzando por la forma del capital. No podemos entrar a lo metodológico sin antes describir en Marx la forma del capital, es decir, no se puede pensar la dialéctica marxista sin el materialismo histórico y, con esto, estoy tomando posición. La configuración de la forma del capital nos conducirá a la indeterminación en el rango de una dialéctica realista. De ahí, abordaremos la relación que existe entre proceso y figura; círculo y espiral; elipse y cinta de moebio y, luego, las relaciones entre tendencia e infinito y diferencia y unidad que son, en todo caso, el proceso que liga la lógica de la elipse y la cinta de moebio. Este aprestamiento metodológico nos preparará para ver los textos y la lectura de Marx como una lógica de la indeterminación.

En segundo lugar, revisaremos el núcleo de la estructuración de la lectura de *El Capital* y la apropiación del deseo, el disfrute y la desigualdad. Ahí mostraremos la desigualdad como base de toda relación social; la apropiación del disfrute del otro como la lógica del capital indeterminado; la obturación del deseo y a la vez el acicate del deseo como una cinta de moebio y, finalmente, la equivalencia de las cosas y los hombres.

Justamente, esta última temática nos deja las puertas abiertas para abordar el tercer momento, es decir, analizar la relación entre fetiche, fantasma y fantasía, afirmando que no es preciso pasar por Derrida y por Lacan para estudiar esta tríada. Por ello, exploraremos el "mundo mágico de las cosas" y "las cosas del mundo mágico"; la relación entre inversión, oclusión y destitución subjetiva; la relación de lo uno por el Otro y del otro por Uno y, finalmente, el proceso de ser-se, percibir-se como imperativo de interpelación.

En un cuarto momento, analizaremos otra de las claves que, en la sociología contemporánea, posiblemente por la presencia de Sombart, Simmel y Weber, se haya tenido de menos y es la importancia que tuvo, en la lectura de *El Capital*, la lógica de la avaricia, el lujo y el ahorro, pero no como configuración inmediata de la acumulación o de la circulación, sino como regulación de las sensaciones. Ahí veremos los siguientes elementos. En primer lugar, la lógica del mandato social y la aceptabilidad de la dominación creadora, en la medida que la configuración de esas sensaciones tiene que ver con la aceptación del régimen del juego de reinas. En segundo lugar, la relación entre la falta y la sobra como configuración del mundo en Marx. En tercer lugar, mostrar cómo todo esto puede utilizarse para realizar una lectura del capitalismo en las condiciones del siglo XXI. En ese sentido, voy a estructurar tres puntos: una política de la identidad, una política de los cuerpos y una política del sentido común como lógica de la fantasía colonial. Estos tres puntos tienen que ver con algo que terminaré de afirmar al finalizar este curso y es que la sujeción indeterminada es un horizonte de la dominación imperial en situación neocolonial y esto, precisamente, ligaría el pensamiento de un pensador del siglo XIX con el siglo XXI.

¿Por qué ni dogma ni sustancialismo tienen que ser una consigna metodológica para entender a Marx? Porque sostiene que la forma del capital es la forma de la indeterminación. Todos sabemos, de una manera u otra, que el capital es trabajo acumulado. Ahora bien, ¿por qué tiene la forma de la indeterminación?

En primer lugar, debemos destacar que Marx es un pensador del siglo XIX tratando de explicar las consecuencias del advenimiento de un sistema que comienza aproximadamente en el siglo XVII y que va tomando escala planetaria. Así, Marx intuye finamente que las relaciones sociales tienen una lógica de totalidad: pasa en todos lados, pero no en todos los lados pasa como en este lugar. Por supuesto, muy influenciado por la física newtoniana, pensaba en algunas lógicas parecidas a la relación que hay entre órbitas y planetas. La dialéctica es la lógica del movimiento que se determina a sí misma; no hay una relación que pueda empezar a pensarse porque ello implicaría hacerse uno con esto que es real y la lógica de Marx es que la múltiple determinación de lo concreto es lo real. Esto es contra-intuitivo respecto a nuestros estudios sobre Marx, porque siempre nos enseñaron que existe una determinación. Sin embargo, si la lógica es la de un círculo, ésta no puede ser configurada si no es en forma indeterminada. ¿Por qué piensa que esto es el sistema? –fíjense que estoy sacando una conclusión metodológica de la lógica del sistema. El capitalismo manchesteriano mutaba todos los días a partir de la incorporación de la tecnología y de los cuerpos que manejaban esa tecnología. El capital tiene la siguiente lógica: D-M-D / M=D=M.[3]

Si esta es la estructura, el dinero en la primera parte, ¿es mercancía en la segunda o es una forma de lo que significa la circulación? El capital no está en ninguno de los tramos, está en la separación y en la lógica de los dos momentos, porque si vinculamos estos componentes con el trabajo, el plusvalor y el "pluscapital" nos encontraremos con una fórmula mucho más compleja. En este sentido, esa relación social no tiene que ver con los objetos del capital sino con la lógica que de esos objetos constituían los sujetos, a pesar de su propia voluntad. Por ejemplo, cuando la gente dice "hoy me produzco para salir" puede observarse la lógica de la producción hecha cuerpo, pero nadie piensa en realidad que cuando sale se va a vender; lo que ocurre es la lógica de la oferta y la demanda con la reproducción corporal posible. Eso es una forma que no tiene un único contenido, ¿por qué? Porque los objetos nos relacionan a nosotros más allá de ellos, por eso la computadora hace diez años era un "objeto infernal" y hoy es algo que tenemos incluido en las formas de concretar nuestras propias relaciones.

Esta es la relación entre forma y contenido, algo que me asusta de las lecturas de algunos posmodernos. El Estado, por ejemplo, es una forma con múltiples determinaciones de contenido, pero es una forma que, como tal, es imposible que no tenga algún contenido; por siempre será una forma. "Se va a eliminar el Estado", no es así, porque alguna forma tendrá que ocupar el lugar de ese contenido que es la configuración de la posibilidad de reglas institucionales para que usted sea mercancía y no muera en el intento. El capital tiene una forma tal que no se puede determinar de antemano por qué lugar entra y por dónde sale. La indeterminación es la clave de bóveda de la dialéctica realista de Marx porque los múltiples son los contenidos, no las formas. Las formas son lógicas de interacción de esos contenidos. Cuando usted quiere enamorar a alguien le muestra una multiplicidad de contenidos que lo seduzcan: parecen formas, pero son contenidos. En este sentido, Marx observa que, en el siglo XVII, aparece un sistema social que ya no se rige por las formas (en sentido "abstracto"); las formas se constituyen en la multiplicidad de contenidos que puedan adquirir; ya no hay un Dios que indique cómo son las cosas ni una nobleza que se signifique así misma como despilfarradora de las energías sociales acumuladas, sino una burguesía que se autojustifica como la lógica de la relación entre ahorro, abstinencia y disfrute. De ahí que la metodología para analizar esta sociedad –a que Marx llamó "materialismo histórico"– no puede ser otra que la misma lógica que está inscrita en esa sociedad. Por lo tanto, para Marx, la famosa pregunta de las ciencias sociales "¿qué está primero el problema de investigación o la teoría?" sería una pregunta de niños porque el fenómeno no puede ser sino la lógica de cómo vemos ese fenómeno. Cómo vemos el fenómeno en Marx se llama dialéctica, por ello existe un materialismo dialéctico y uno histórico. El materialismo histórico es la lógica de la historia de su contenido; el materialismo dialéctico es la revelación de las formas, por más que cambie la multiplicidad de sus contenidos. La historia de esos contenidos es, justamente, la historia de esa evolución material vista dialécticamente. Por eso, para Marx, todo es un proceso en producto y un producto en proceso; no hay forma de ver las figuras si no es como una procesualidad que produce un producto. Éste ha sido el germen de la crítica al supuesto marxismo, desde Habermas, pasando por Giddens, Foucault, Lyotard y otros tantos pensadores – como se habrán dado cuenta no estoy hablando del leninismo ni del stalinismo sino del pensamiento de Marx. Esta es la crítica porque este es el famoso "productivismo" de Marx. Según Marx, la categoría principal de la lógica del capital es el trabajo, de ahí surge la visión productivista.

Ahora bien, ¿qué significa proceso en producto y producto en proceso? Como un objeto, las formas adquieren la lógica del movimiento y la lógica del contenido. Si uno pudiera romper la "cabeza taylorista" (del input y el output), veríamos –como lo vio Marx– que cada vez que uno produce lo hace gracias a otro producto que ha sido procesado en el mismo proceso de producir ese producto; por lo tanto, ningún producto es el producto final sino otro producto que se está procesando por la lógica de la relacionalidad. Marx es relacionista, por eso le interesaba el cálculo diferencial. Hay una relación entre proceso y figura: no hay una figura que no sea un proceso porque la multiplicidad de lo concreto tiene que ver con este mismo proceso.

¿Cómo es esta lógica? Es la lógica que va entre el círculo y la espiral. El movimiento del capital son esas fórmulas que presentamos anteriormente. Todo es equivalente al dinero, pero todo lo que es equivalente al dinero lo es en función de ser equivalente de otras cosas. Por poner un ejemplo, una lapicera puede valer $1, pero con $1 también puedo comprar otras cosas; la relación que existe entre las otras cosas y la lapicera se constituye en la relacionalidad que tienen las cosas, no en la voluntad del sujeto. En ese sentido, la configuración del proceso es un círculo que no se sabe por dónde comienza, de ahí que en realidad tenga la lógica de una espiral. Geométricamente, la espiral no tiene que ver con la línea que une a los puntos sino con los puntos que hacen posible la línea. Si uno traza en una cuadrícula una espiral se dará cuenta que los vértices que toca no pueden verse desde el otro lado sino como una lógica de ida y vuelta. La lógica del capital es circular, por eso tiene una relación entre espiral y círculo. Esto se entenderá mejor si, en lugar de espiral, hablamos de elipsis y, mucho mejor si, en vez de elipsis, hablamos de cinta de moebio.

Cuando nos enfrentamos a una cinta de moebio (∞) no sabemos qué es lo que está abajo y qué es lo que está arriba. Si uno pudiera identificar qué es lo que está abajo y qué lo que está arriba, lo estructural y lo infraestructural serían muy fácil de ver. En la lógica del capital y en la lógica de la dialéctica realista cada vez que uno se encuentra en un punto no puede determinar la lógica que lo implica hacia delante porque, justamente, en ese mismo punto puede estar ocurriendo que uno esté posicionado hacia atrás. Esa es la lógica de la cinta de moebio: el punto de entrada y el de salida es un ojo de aguja por el que pasan, una y mil veces, la lógica del trabajo y la lógica de lo corporal, aspecto que Marx observó muy claramente. Esta cinta de moebio, vista en la configuración del capital, es la multiplicidad de materialidad que tiene el cuerpo como límite natural de la sociedad y como límite cultural de la naturaleza.

Si uno toma esto como pista, verá que la mirada metodológica de Marx nos ha legado una advertencia: las lógicas de las tendencias son lógicas de la diferencia en la unidad y que las lógicas de la unidad son lógicas de lo infinito a través de la diferencia. ¿Cómo entendemos esto? El sistema capitalista es uno y siempre el mismo porque es uno y siempre distinto; siempre es distinto porque la lógica metodológica para aprehenderlo consiste en aceptar que esas diferencias responden a una tendencia a la unidad que tiene esa infinita forma de movilizarse el capital. De ahí que no sólo se trata de una tesis, antítesis y síntesis, sino de un proceso de configuración del capital que es absolutamente dependiente del proceso histórico (no es en todas partes ni en todo lugar de la misma forma); no es de la misma forma porque la forma no tiene que ver con su contenido. Lo que se repiten son las formas de cómo las relaciones de esas tendencias se unifican respecto al todo. En síntesis, en el capital no hay una lógica de la unidad, sino una lógica de la diferencia, en tanto tendencia que va constituyéndose en un punto hacia el infinito. Marx es el predictor de la configuración de un capital a escala planetaria. "Marx se equivocó en que iba a haber una revolución", dicen, pero, ¿no hubo varias ya? Considero que Marx no puede ser pensado sino como un autor del siglo XIX embebido en el progresismo.

2. *Deseo, Disfrute y Desigualdad*

¿En qué se basa la lógica del capital? Partiendo del hecho que la forma del capital es una forma de indeterminación, su lógica se basa en la apropiación del disfrute. Esa cinta de moebio resulta difícil de dilucidar porque la palidez en el rostro (de las modistas y trabajadoras explotadas observadas por Marx) implica la apropiación del disfrute de algo por parte de otro; está marcada, incorporada, hecha cuerpo y, desde ahí, se muestra la explotación en el sistema capitalista.

El sistema capitalista es el primer modo de producción que consiste en que los sujetos acepten la desigualdad no por principios extra-sociales (religiosos, metafísicos, etc.) sino como lógica de la relación social misma. ¿Cuándo empieza el intercambio, es decir, la aceptación de la pura desigualdad que no se basa en ningún principio extra-social? En el intercambio, la igualdad se relaciona a través de la desigualdad del valor que esos cuerpos (mercancías) tienen a partir de una configuración distinta en la propia relación que los cambia y que los intercambia. Por lo tanto, la base del capital es un acto de desigualdad. El intercambio es una acción desigual porque es entre equivalentes vacíos. Hay desigualdad porque no se puede observar la concreción de su contenido sino su relación, por eso el capital siempre es relacional; siempre se mide el trabajo acumulado, no la cantidad de "cosas" que se intercambian, por lo tanto siempre va a ser desigual: plantar el trigo no es lo mismo que tener una vaca; son equivalentes en su relación porque ambos son trabajo acumulado en esta primera parte de la circulación. Estoy pensando en el intercambio tipo trueque. Cualquier comunidad puede intercambiar adentro valores equivalentes porque para esta comunidad estos valores son todo: la papa o la leche son equivalentes; pero cuando esa comunidad tiene que salir a buscar la manteca a otro lado, comienza el intercambio, es decir, la desigualdad. ¿Desigualdad en qué términos? En términos de trabajo acumulado, es decir, del tiempo de trabajo puesto en una mercancía determinada. No es esencialista. No es el contenido de la mercancía (no es la manteca, es decir, un material gelatinoso que se pasa por encima del pan) lo que la hace valer, sino el hecho que tenga trabajo acumulado, y que este trabajo no sea retribuido del modo como podría (debería) ser retribuido.

En síntesis, toda relación de equivalencia se produce respecto a vacíos porque los vacíos son las relaciones que existen entre las cosas, no lo que las cosas son. Por lo tanto, decir que las relaciones de identidad son relaciones de equivalencia entre vacíos puestos con un continente en un contenido, sólo cuando el significante se llena, es una "perogrullada de carácter marxista".

La desigualdad es la base de la relación social capitalista. Una segunda afirmación es que el capital indeterminado es la apropiación del disfrute del otro. Esto lo afirmará Simmel mucho años después, reconociendo la intuición de Marx pero poniéndolo como contramano. El intercambio capitalista es un intercambio de sacrificios diferenciales. Marx observó que el tiempo de trabajo invertido es la clave para medir la desigualdad, de ahí la teoría del plusvalor, pero además afirmó que si uno se sacrifica 10 horas para producir la manteca y el otro se sacrifica 5 horas para producir la papa, la diferencia entre 10 y 5 es un disfrute sacado a cuenta del sacrificio que uno ha hecho en ese intercambio que no tiene que ver con el contenido, sino con la relación que ya es desigual. Por eso, cada vez que los docentes universitarios se levantan para ir a la universidad los economistas deberían pensar que éstos se sacrifican, es decir, dejan algo para hacer otra cosa. Este dejar algo para hacer otra cosa significa que otro se ha apropiado de ese algo. Fíjense que en la universidad pesa más la firma del docente que su propia actividad porque la presencia es la obturación de una ausencia en otro lado. La lógica de la configuración de lo que dejamos de hacer es justamente el disfrute; es decir, la presencia de una ausencia que se constituye cada vez que dejamos algo para lo cual tenemos que intercambiar la relación con el otro.

Ustedes se preguntarán por qué si la harina puede tener 10 horas de trabajo y la leche 5 terminan teniendo un precio similar. Una cosa es el valor de uso y otra el valor de cambio. Lo que se intercambian son valores de cambio, no valores de uso. En el valor de cambio está inscrita la desigualdad. Una cosa es el precio y otra el valor; a su vez el valor se desdobla en dos: a) valor de uso y b) valor de cambio. El valor de uso es lo que puedo hacer con la mercancía; valor de uso no significa valor de consumo, porque de lo contrario no sería indeterminado. El valor de uso responde a la pregunta "¿para qué hago eso?", y eso lo convierte en un proceso en producto y un producto en proceso. La diferencia proviene de la distancia desigual existente entre el valor de cambio y el valor de uso. Uno nunca vende los valores de uso: vendemos esta lapicera por lo que puede hacer, es decir, escribir. Que esta lapicera me permita escribir vale $1, por supuesto que en ese valor están incluidos el trabajo, los materiales, etc., necesarios para producirla. El valor de uso no significa la concreción en su contenido, sino lo que se puede hacer, es decir, su múltiple determinación. Lo que se vende es un vacío al que usted le pone el contenido que desee.

Retomando, ¿por qué la apropiación del disfrute del otro es una lógica indeterminada del capital? Porque el disfrute del otro nunca tiene final. Este aspecto Marx lo observa cuando describe la jornada laboral. El pago de la jornada laboral implica preguntarse qué es lo que está dejando de hacer esa persona por trabajar: descansar, leer, divertirse, etc. El disfrute no tiene que ver con el des-trabajar sino con lo que a uno "le parece" que no hace en otro lugar y esta es una interpelación que tiene la cosa en su múltiple determinación, lo que nos conduce, nuevamente, a la lógica de la indeterminación. El disfrute es aquello que hemos observado como una ausencia. El disfrute adviene cuando uno se propone des-constituir una ausencia, que es la ausencia de tiempo; cuando tiene ese tiempo hay una ausencia y, por lo tanto, es un vacío que uno nunca puede determinar (con el tiempo libre "uno no sabe qué hacer"). La lógica del disfrute tiene que ver con aquello que pensábamos que estaba ausente y ahora lo ponemos presente como una ausencia: es un ausente que se hace presente.

La lógica de la alienación es una lógica de eliminación del disfrute del otro. La apropiación del disfrute del otro es una lógica de apropiación unidireccional del disfrute. Existe una lógica interna a las relaciones sociales que impide el disfrute, por eso el disfrute tiene que ver con la lógica del deseo: cada vez que nos ponemos a disfrutar, el disfrute se dispara para adelante. La lógica del deseo está ligada a lo inalcanzable porque cuando tenemos lo que deseamos ya no es deseo; y cada vez que lo tenemos, al no ser deseo, es una ausencia. Y esto es una lógica del sistema, no de los hombres, por eso los sistemas han sido configurados históricamente por los hombres, pero a pesar de su voluntad.

La obturación y el acicate del deseo son parte de una cinta de moebio. En el capitalismo no sólo hay obturación sino también ponderación del deseo; es una máquina de construir deseos obturándolos. La equivalencia entre las cosas son las equivalencias entre los hombres, es decir, somos cosas. El espíritu moderno nos ha hecho pensar que somos sujetos libres de cualquier determinación, pero somos cosas. Bourdieu, mucho tiempo después, vio que el gusto, que es lo más individual, disposicional y subjetivo, es una construcción social y esto es así porque esas "cosas" son lo que somos, es decir, no somos otra cosa que las cosas que somos. Por ejemplo, cuando conocemos a alguien lo primero que preguntamos es "¿vos qué hacés, a qué te dedicás?"; la pregunta por el "hacer" está ligada al contenido de una práctica que no puede ser descrita únicamente por el contenido. Si en los años 60 decíamos que trabajábamos en IKA-Renault, seguramente nos miraban bien (vacaciones, obra social, buen salario, etc.), en cambio si hoy decimos que somos docentes, la percepción del otro, respecto a nosotros, desafortunadamente cambia de manera radical. La configuración de las equivalencias entre las cosas es la configuración de las equivalencias entre los hombres porque los haceres son cosas, y las cosas son los haceres que tienen en sí mismas esas cosas.

3. Fetiche, Fantasma y Fantasía

La equivalencia entre las cosas y los hombres nos conduce a dos lugares. Por un lado, a los dispositivos de soportabilidad social del capitalismo y, por el otro, a las lógicas de la mercantilización del trabajo o fetichismo de la mercancía.

La pregunta es: si somos sujetos explotados que jamás alcanzaremos nuestros deseos, ¿por qué no estalla el sistema? La lógica del capital consiste en que sea soportable. Hoy las lógicas de constitución del disfrute las construye el capital, por eso deben existir mecanismos de soportabilidad a la obstrucción y acicate de nuestros deseos (que no tienen que ver con la voluntad individual sino con la constitución del capital). El primer autor que abordó la idea de síntoma en relación con la lógica del capital fue Marx. Parafraseando a Žižek, especialmente desde *El sublime objeto de la ideología*,[4] se podría decir: *el mundo mágico de las cosas son el mundo de los hombres y las cosas de un mundo mágico son las cosas que los hombres hacen pasar por cosas de hombre*.

En el capítulo de La Mercancía de *El Capital*, Marx comienza diciendo que, hasta allí, ha explicado todo lo que tiene que ver con la mercancía apelando al lenguaje de la economía política y que, de ahí en más, debe pasar al lenguaje de la religión.

El capital tiene un profundo sentido de la seducción que es hacer pasar por ideas aquello que es el resultado de la lógica entre las cosas. Marx descubre que la lógica de lo mágico-fantasmático y la lógica de la fantasía son las que nos "nieblan" el entendimiento para que las cosas parezcan cuestiones ideales, abstractas. Marx propone que lo abstracto no tiene esa característica de ideal, sino de real.

¿Cómo funciona la mercancía? Por inversión, por oclusión y por destitución subjetiva. Veamos la inversión con la siguiente frase: "Mataría por una Pepsi". Aquí el objeto pone patas para arriba la relación que usted tiene con la relación que uno busca. Uno busca satisfacer la sed buscando una Pepsi, pero lo ha invertido porque no ha dicho "tengo sed" sino que "mataría por una Pepsi". En este caso, la Pepsi está en lugar de la sed, que es, entre otras cosas, una sensación. Con esta frase se ilustra cómo se ha regulado una sensación a partir de un objeto. Esta mercancía, además, ocluye que usted no tiene cómo satisfacer la sed. Lo que tengo (la sed) no es lo que me constituye sino lo que quiero tener (una Pepsi), por lo tanto una mercancía viene a ponerse en el lugar de aquello que nos falta, así ocluye la contradicción fundamental entre lo que quiero y lo que no tengo. Y aquí viene el tercer elemento que mencionamos: en toda mercancía hay una destitución subjetiva, es decir, la mercancía nos "roba" nuestra subjetividad porque esta subjetividad no existe sin la mercancía. Por ejemplo, cuando somos adolescentes tardamos mucho en arreglarnos para salir porque en realidad nos estamos vistiendo para otros ("nos producimos para otros"); en este caso, la mercancía manda porque hay una lógica de destitución de la capacidad de entender que lo subjetivo tiene que ver con lo cognitivo y lo volitivo: lo subjetivo no es ni su voluntad, ni lo que usted conoce.

La mercancía cambia lo uno por lo otro. El dinero es una relación social, por eso no hay que confundir moneda y dinero. La moneda representa las relaciones entre las cosas en su valor de cambio; por eso la moneda también es una mercancía. Lo uno cambia por lo otro es una lógica que tiene que ver con lo Otro por el uno. Cuando se entra en los terrenos neblinosos de una conciencia sublimada a través de las mercancías, lo que empieza a mandar es que el mundo de las cosas empieza a ser la regla del mundo de los hombres, entonces el Otro empieza a ser las cosas. Pero como sabemos que las cosas no son solamente sus contenidos (porque son múltiples) sino sus formas, que yo sea uno depende de las múltiples formas que adopten esas mercancías. Por eso no intercambiamos dinero por leche y por manteca sino por múltiples cosas que se reflejan en mí por la capacidad que tenga de disponer ese dinero. De ahí que el mundo de las mercancías es un ser-se (estar siendo). No somos, nos estamos siendo (la lógica del gerundio); la mercancía sigue la misma lógica, por eso uno por más que consuma no queda conforme con el desplazamiento de la relación que había entre lo que pretendía que estaba ausente y que ahora se vuelve una presencia. Vuelve a estar ausente porque justamente la reproducción en uno hace que uno sea haciéndose. Pero eso tiene que ver con la lógica de los imperativos que tiene la sociedad como mandatos sociales y con las formas con que los sujetos se perciben. Así llegamos a lo que presentaré como las relaciones entre avaricia, lujo y ahorro que son, en todo caso, modos de regulación de las sensaciones en el sistema capitalista.

Anteriormente mencioné que para que exista equivalencia tiene que haber equivalencia de sacrificios y así surge la lógica del deseo. Esto significa que existe una aceptabilidad, creada en el mandato social, que me impone la relación que me haga a través de las cosas. La dominación es creadora porque nunca está en el punto donde empieza, ni en el punto donde termina sino justamente en el proceso. La dominación no significa que uno mande sobre otro y que el otro acepte el mandato, ni tampoco en que uno tenga más dinero que otro; la dominación está en que la relación es desigual en función del disfrute que ha acumulado uno en relación a otro y, por lo tanto, eso se percibe como un mandato social. En el capitalismo para que haya soportabilidad a través de fetiche, fantasma y fantasía hay que regular que a uno le parezca que eso no tiene más remedio, es decir, que no haya otra forma de ser vivido. De ahí que no es casual que durante todo el menemismo[5] no haya habido otro discurso que no fuera "no hay otra salida".

La política argentina consiste en cambiar una lógica de fantasía transformándola en una lógica de fantasma. Nuestra máxima política es "uno hace lo que puede" y eso se transforma en una máxima ética y así uno "hace lo que *puede* porque eso es lo que *debe* hacer". Eso que debe hacer constituye aquello que efectivamente hace, por lo tanto hace lo único que puede, no hay multiplicidad de opciones, ni otras formas de hacerlo y esto se constituye en un imperativo social. Detrás de esto existe la configuración de una sensación del *para qué:* para qué movilizarme, para qué hacerlo de una manera distinta si al fin y al cabo todo va a volver a ser del mismo modo. Esta categoría tiene importancia porque si digo "hago lo que puedo porque eso es lo que debo hacer", hay una estructura tal que, por un lado, se construye una fantasía que es que el poder hacer algo es lo que uno debería hacer; por otro lado, se construye un fantasma que si uno no hace lo que debe hacer (es decir, sólo lo que puede hacer), las consecuencias podrían ser peores. De este modo, a la lógica de la fantasía se le contrapone como reverso ideológico la lógica del fantasma.

El punto tres del programa pensado para el día de hoy lo he llamado "Traducción enajenante de las lenguas del capital". El capital es universal en cuanto es particular y es particular en tanto es universal, lo que ocurre es que aquí "universal" no significa lo que para uno representa la universalidad, del mismo modo que "particular" no significa lo que para uno representa lo particular. El capital es universal porque es una lógica que puede existir de tres modos. Primero, en superposición de modos, sino uno no entendería por qué a 570 kilómetros existe un lugar al que el capital "aún no ha entrado". Según Marx en una formación social pueden convivir distintos modos de producción, lo que significa que existen distintas formas de enajenación del disfrute. El disfrute no es, solamente, algo que alguien me saca sino algo que yo mismo enajeno por el propio intercambio desigual entre lo que sentía como ausente y lo que quiero hacer presente. Segundo, si entendemos por universal la lógica de la relación que hay entre el modo histórico particular y lo universal, es el mismo razonamiento que di para explicar forma y contenido. Contenidos puede haber muchos, las que importan son las formas porque son las condiciones de posibilidad para que esos contenidos se presten a una interacción sistemática. Es decir, siempre que hay estado burgués, tiene que haber estado burgués de derecho. Puede haber estado burgués de derecho incluso en lugares donde no ha sido completada su formación social. Tercero, el sistema tiene algo universal, pero eso no significa no tenga incorporada su propia configuración de desmonte (de "crítica inmanente") y Marx indica los caminos para ello.

La posibilidad de que uno se dé cuenta de esta apropiación diferencial del disfrute y de la lógica del sistema depende de un proceso particular. La lógica del "darse cuenta" no es una toma de conciencia cognitiva ni voluntaria, por eso la conciencia revolucionaria no es algo que pueda decidir un sujeto individualmente, sino que tiene que ver con la desestructuración de la propia estructura. No hay posibilidades de que eso se desestructure hasta que no se ponga en otra estructura, la cual tendrá otra lógica y también otra dominación. El hombre siempre tendrá formas de dominación, de lo contrario no existirían las sociedades. La lógica por la cual se distribuye, construye y reproduce ese disfrute es que puede ser armado de otro modo; pueden existir estructuraciones sociales que no estén asentadas sobre la desigualdad que implicaba la lógica de la apropiación unilateral del disfrute. Sólo si uno se atreve a aceptar que sí hay formas de dominación de la vida social puede entenderlo. Es típico del siglo XXI tener una visión "naif" de creer que a falta de paraíso tenemos que vivir en el infierno, pero no hay ni paraíso ni infierno, sino relaciones sociales entre los hombres. Justamente, pensar que ya no hay paraíso (porque no hay sociedad socialista posible) y aceptar lo que nos ofrece el infierno (que es la lógica del capital global) se constituyen en los reversos de fantasía y fantasma que implican que uno siga "pedaleando" ante la imposibilidad de construir la estructura de un sistema que se basa en que el otro se apropia de uno. No es que nosotros tengamos que destrabarnos, en realidad es el otro el que está trabando en la desigualdad que tiene por debajo la estructura, por eso empecé a explicar al sistema como desigualdad; una desigualdad que no sigue la lógica de un sistema relojero sino la de un puzzle, porque la subjetividad no es lo que está dominada aquí y ahora, sino el cambio de esa dominación aquí y ahora.

Aquí quiero enfatizar que las posturas posmodernas, posestructuralistas, posdiscursivistas, etc., pueden ser vistas claramente, desde el propio Marx, sin necesidad de ser tan "pos". Hoy el presidente[6,] a través de su discurso, nos dice "estamos en el purgatorio" (es decir, atrás está el infierno) y, si nosotros no lo votamos, vamos a seguir estando en el infierno. El infierno y el paraíso nos hablan de la lógica de los demonios y, contra los demonios, sólo pelean dioses. La lógica del capital consiste en que en ese mundo neblinoso de la religión, al que Marx apeló para explicar el intercambio desigual entre los hombres, está la suturación, enajenación de nuestro propio disfrute. Cuando podemos "des-armar" que eso no es culpa nuestra ni de dios sino de otro que se lo ha apropiado, se produce una desarticulación que nos saca de la lógica bipolar (Paraíso vs. Infierno) y aparece la culpa proyectada en algún sujeto de carne y hueso (Bush, Menem, etc., aunque tampoco son "sólo" esos nombres)

Hemos visto cuatro puntos. Primero, una perspectiva introductoria de carácter metodológico donde hemos cerrado, con esta especie de relación elipse-cinta de moebio, lo que la dialéctica realista de Marx implica. En segundo lugar, afirmamos la constitución del capital como desigualdad con base en la relación social y la lógica del disfrute. En un tercer momento, reconocimos que existen dispositivos de soportabilidad social (fantasma, fetiche y fantasía) que tienen que ver con el mundo mágico de las cosas y con las cosas de un mundo mágico y que, sobre todo, están anclados en procesos de regulación de las sensaciones, lo que está ligado al mandato social de la aceptabilidad de la dominación creadora. Finalmente, terminamos con la relación entre universal y particular como una traducción enajenante de las lenguas del capital.

Ahora referiremos lo expuesto a algunas citas de Marx para que veamos dónde se asienta su visión. Hay que reconocer que a los textos hay que leerlos transversalmente, por lo tanto mi exposición no tendrá que ver con el orden de aparición de los textos. A Marx le obligaron de diversas maneras a explicitar su sistema metodológico y, cada vez que lo hacía, lo presentaba de una manera distinta si se quiere. Reconstruiré

El Capital de una manera particular, para poder mostrar mis propios puntos de vista, y algunas citas de otros textos.

El primer trabajo sistemático académico escrito por Marx es su tesis doctoral sobre las diferencias entre Demócrito y Epicuro (Marx, *Diferencia de la filosofía de la naturaleza en Demócrito y Epicuro*) y versa sobre la forma del capital y la indeterminación. Estos autores griegos son atomistas, y no es casual que Marx se haya dedicado a estudiar a estos dos materialistas, enfatizando que su opinión se volcaba más hacia Epicuro; tampoco es casual que este último sea el filósofo del placer.

> Los átomos son, en verdad, la sustancia de la naturaleza, de donde todo proviene y a donde todo retorna. Pero el aniquilamiento constante del mundo fenoménico no conduce a ningún resultado, surgen nuevos fenómenos, más el átomo mismo permanece siempre en su base como fundamento. En tanto pensado según su concepto puro, el átomo es el espacio vacío, la naturaleza aniquilada, su existencia. En tanto pasa a la realidad, el átomo se hunde en la base material que soporta de un mundo de relaciones múltiples. No existen sino en sus formas exteriores e indiferentes. (Marx, *Diferencia de la filosofía* 39)

Cuando uno lee el texto, pareciera que estuviera hablando siempre de física, pero tiene otras consecuencias, sobre todo para una visión de mundo que Marx se va formando de muy joven: la lógica del átomo es vacía e indeterminada, sólo puede tener concreción en múltiples determinaciones externas y, cuando esto ocurre, no hay relaciones unívocas sino multívocas. Marx observa en el capital la misma lógica que ve en el átomo: "En tanto pensado según su concepto puro, el átomo es el espacio vacío", es decir, cuando usted encuentra capital no encuentra nada, porque el capital no se puede hacer con las manos; es un sistema, una lógica, un conjunto de relaciones. "la naturaleza aniquilada, su existencia." No hay un solo concreto que pueda ser determinante por siempre para decir "eso es un átomo". Es naturaleza aniquilada porque es su existencia. Durante la primer parte del curso he hecho hincapié en esta lógica de la existencia porque para Marx el capital es una lógica de la existencia. "En tanto pasa a la realidad, el átomo se hunde en la base material que soporta de un mundo de relaciones múltiples", es decir, cuando uno ve al capital lo ve como múltiples relaciones que son indeterminadas, porque "No existen sino en sus formas exteriores e indiferentes" respecto al vacío originante.

Marx prosigue: "La individualidad abstracta es la libertad de la existencia, no la libertad en la existencia. El átomo como tal sólo existe en el vacío, así la muerte de la naturaleza se convierte en su sustancia inmortal…" (Ídem 46) ¿No es curioso que Marx realice una lectura sobre la indeterminación (sobre todo por su cercanía a una lógica de la indeterminación basada en el paradigma de la física cuántica) pensando en los átomos como vacíos que, cuando pasan a la materia, lo hacen con múltiples determinaciones? En *El Capital* Marx[7] escribe:

> El capital como un todo se encuentra, entonces, simultáneamente en sus distintas fases, yuxtapuestas en el espacio. Pero cada parte pasa constantemente y por turno de una fase, de una forma funcional, a la otra, y así funciona sucesivamente en todas. Las formas son así formas fluidas, cuya sucesión es mediadora de su simultaneidad. (Tomo II 93)

"El capital como un todo se encuentra, entonces, simultáneamente en sus distintas fases yuxtapuestas en el espacio", esto es, el capital no está en una máquina ni en el plusvalor, está en cada una de esas fases de manera funcional, de ahí que la determinación que tiene es la de la fluidez, por eso su "sucesión es mediadora de su simultaneidad". El capital se ve porque es simultaneidad, y esta característica se da porque hay multiplicidad: nada puede verse simultáneamente desde lo uno, sino desde lo múltiple, por lo tanto, no existe otra lógica que no sea la indeterminación.

> Cada forma sucede y antecede a la otra, de manera que el retorno de una parte del capital a una forma está condicionado por el retorno de otra parte a otra forma. Cada parte describe ininterrumpidamente su propia órbita pero siempre es una parte distinta del capital la que se encuentra en esta forma y estas órbitas particulares sólo constituyen fases simultáneas y sucesivas del desenvolvimiento global. (Marx, *El Capital*, Tomo II 93)

Es decir, si hay una lógica del capital es su propia indeterminación por el paso de estas formas a estas fases y de las fases a estas formas funcionales que implica, cada vez, su simultaneidad por cada una de esas formas. "*Cada una de esas formas*" no significa que no exista una forma histórica que implique, justamente, sus contenidos, sino que cada una de esas formas pueden constituirse, al mismo tiempo, de distintas maneras y con múltiples contenidos.

Anteriormente anunciamos que la indeterminación es la clave de bóveda de la dialéctica realista. En las palabras finales a la segunda edición alemana del primer tomo de El Capital de 1872, Marx afirma: "Al definir el señor autor tan justamente lo que él llama mi verdadero método, y al juzgar tan favorablemente la aplicación que yo hago de él ¿qué hace sino definir el método dialéctico?", y refiriendo a dicho crítico afirma:

> Para Marx sólo hay una cosa importante: descubrir la ley que rige los fenómenos de cuya investigación se ocupa. Y no le interesa sólo la ley que los rige cuando tienen una forma determinada y una determinada relación, tal como se les puede observar en un período dado. Le interesa, además, la ley de su mudanza, de su desarrollo, es decir, de su paso de una forma a otra, de un orden de relaciones a otro. En cuanto ha descubierto esta ley, investiga detalladamente los efectos por los cuales se manifiesta en la vida social... En consonancia con eso, Marx se ocupa solamente de una cosa: de demostrar, mediante una investigación científica precisa, la necesidad de determinados órdenes de relaciones sociales, y de comprobar, con toda la exactitud posible, los

hechos que le sirven de punto de partida y de punto de apoyo. Y le basta plenamente, si, al demostrar la necesidad del orden actual, demuestra, también, la necesidad de otro orden que, inevitablemente, habrá de nacer del primero, sin importar, para ello, el que los hombres crean o no crean, tengan o no tengan conciencia de ello (Marx, *El Capital*, Tomo I XXII).

Tres cosas. Primero, hay una ley pero que no rige con una forma determinada ni a una determinada relación, tal como en el período se puede observar. En realidad, la forma de la relación le interesa como una ley de la mudanza porque quiere ver cómo se pasa de una forma a otra, no de un contenido a otro. Hay un orden de relaciones (que no puede estar determinado por la consistencia de la materialidad porque para Marx lo concreto es la múltiple determinación de lo real) y además investiga de qué manera tiene efecto en la vida social. Por lo tanto, no es que la lógica de las relaciones ya sea las relaciones sociales. La dialéctica realista no supone lo que es la sociedad, parte de cómo es la sociedad. Para llegar a eso se constituye, justamente, en una configuración de esa misma sociedad. No hay capital por un lado y dialéctica por el otro: hay dialéctica porque hay capital. El capital es dialéctico. Marx necesita conocer el punto de partida y el punto de apoyo, no menciona el punto de llegada. Y aquí la relación con el átomo que, cuando llega a la realidad se transforma en concreto pero antes en su concepto puro, es un elemento vacío.

Siguiendo esta argumentación, arribamos al proceso que mencionamos antes que va desde el círculo y la espiral hasta la cinta de moebio. Estas son las tres figuras del proceso cíclico del capital. En *El Capital* Marx escribe: "En un círculo que está rotando continuamente cada punto es al mismo tiempo punto de partida y punto de retorno. Si interrumpimos la rotación, no todos los puntos de arranque son puntos de retorno" (*El Capital*, Tomo II 90). Por lo tanto, no significa que todo dinero vaya a ser concretado en esa mercancía ni que toda mercancía tenga que ver con ese dinero, Marx está diciendo que si interrumpimos la rotación no todos los puntos de arranque son puntos de retorno, "así hemos visto no sólo que cada ciclo particular presupone (implícitamente) al otro, sino también que la repetición del ciclo en una forma engloba la descripción del ciclo en las otras formas" (*El Capital*, Tomo II 90). Si el círculo no fuera una elipsis (es decir, si hubiera punto de arranque y de retorno) cada vez que se repite un ciclo tendría que ser pura repetición, sin embargo, cuando se repite un ciclo no hay pura repetición, sino una forma de descripción del ciclo anterior que lo supone. Por eso lo más importante de la lógica dialéctica no es tanto que una cosa suponga la otra, y que ese suponer implique la síntesis entre ambas, sino el proceso que están dando. De ahí la cuarta parte de la concepción.

De esta manera, toda la diferencia se presenta como diferencia meramente formal (forma que cambia porque sus contenidos son múltiples y que refieren a un concepto abstracto, puro y vacío que, en lo concreto, se vuelve multiplicidad, por eso la existencia elimina esa naturaleza) …o bien como meramente subjetiva, como diferencia que sólo existe para el observador. En la medida en que cada uno de estos ciclos se considera como forma particular del movimiento en que se encuentran distintos capitales industriales individuales, también esta diversidad existe siempre sólo como diversidad individual. Pero en realidad cada capital industrial individual se encuentra al mismo tiempo en los tres ciclos. Estos, las formas de reproducción de las tres figuras del capital, se verifican continuamente uno al lado del otro. (El Capital, Tomo II 90)

En esta última cita hay tres cosas. Primero, los movimientos parciales de un proceso de reproducción son siempre en relación a la forma. Segundo, las elipsis que determinan a los ciclos, son ciclos que describen a sus propios ciclos como formas particulares, pero que sólo existen a los ojos del observador y, por lo tanto, la esencialidad de ese círculo siempre tiene que ver con la existencia que uno ha observado. Y esto es así porque las formas son meramente formales, por lo tanto tienen existencia subjetiva; tienen existencia subjetiva porque tienen un carácter indeterminado que puede estar parada sobre una geometría cualitativa como es la cinta de moebio. Es por ello que, en la medida que cada uno de estos ciclos se consideran como formas particulares del movimiento en el que se encuentran distintos capitales industriales individuales, esta diversidad existe, siempre, sólo como diversidad individual. Aquí no están en juego un universal y un particular, es decir, no hay un significante vacío propio de la lógica social.

Anteriormente mencioné que existe una clave que es la relación entre tendencia a infinito, diferencia y unidad. La discusión en torno a la relación entre diferencia y unidad se ha sostenido, al menos durante el siglo XX, de la siguiente manera. El pensamiento moderno, y específicamente el marxista, no ve la diferencia; es decir, pensando que una totalidad (que es material) hace sucumbir las diferencias particulares que tienen otras cualidades que no sean las materiales (por ejemplo, sexo, etnia, etc.). Aquí vamos a tratar de mostrar por qué no es así y por qué, desde Marx, se constata la lógica de la diferencia y de la unidad.

Volvamos, nuevamente, a *El Capital* donde Marx escribe en

Cuanto más agudas y frecuentes se vuelvan las revoluciones de valor, tanto más se impone, actuando con la violencia de un proceso natural elemental, el movimiento automático del valor autonomizado frente a la previsión y al cálculo del capitalista individual, tanto más se somete el curso de la producción normal a la especulación anormal, tanto más crece el riesgo para la existencia de los capitales individuales. Estas revoluciones periódicas del valor confirman pues lo que se pretende que refuten: la autonomización que experimenta el valor como capital y que mantiene y agudiza mediante su movimiento. (Tomo II 94)

Por lo tanto, no hay diferencias sin unidad. Esa unidad que es, en todo caso, la configuración de este valor autonomizado, es autonomizada en relación con sus distintos momentos porque en él se mantiene y agudiza el movimiento. El valor es autonomizante gracias a su movimiento, de lo contrario, no podría desplazarse de un momento a otro, de un punto en el proceso, a otro.

Hasta aquí hemos visto la relación que existe entre autonomización, diferencia y lógica sistémica, sin embargo, ¿dónde queda el contenido del materialismo? Para ello me remitiré a las *Tesis sobre Feuerbach*. "El defecto fundamental de todo el materialismo anterior —incluido el de Feuerbach— es que sólo concibe las cosas, la realidad, la sensoriedad, bajo la forma de objeto o de contemplación, pero no como actividad sensorial humana, no como práctica, no de un modo subjetivo" (Marx, *Tesis* 665). Aquí se nos aclara qué es el modo subjetivo anterior de las formas: es una actividad, no una cosa, aunque tenga cosas por su contenido que es múltiple. Según Marx, el materialismo no sólo parte de las cosas, ni sólo de la realidad, ni solamente de lo sensorio, sino que las ha visto como objeto de contemplación.

> (…) De aquí que el lado activo fuese desarrollado por el idealismo, por oposición al materialismo, pero sólo de un modo abstracto, ya que el idealismo, naturalmente, no conoce la actividad real, sensorial, como tal. Feuerbach quiere objetos sensoriales, realmente distintos de los objetos conceptuales; pero tampoco él concibe la propia actividad humana como una actividad objetiva. Por eso, en 'La esencia del cristianismo' sólo considera la actitud teórica como la auténticamente humana, mientras que concibe y fija la práctica sólo en su forma suciamente judaica de manifestarse. Por tanto, no comprende la importancia de la actuación 'revolucionaria', 'práctico-crítica'. (*El Capital*, Tomo II 665)

El materialismo no refiere a materias sino a la actitud del observador porque las formas siempre tienen carácter subjetivo y la relación de la actitud dialéctica siempre está en relación con la observación. Para que emerjan las formas universales se deben desmenuzar las múltiples determinaciones de los contenidos particulares.

En la Sexta Tesis Marx escribe:

> Feuerbach diluye la esencia religiosa en la esencia humana. Pero la esencia humana no es algo abstracto inherente a cada individuo. Es, en su realidad, el conjunto de las relaciones sociales. Feuerbach, que no se ocupa de la crítica de esta esencia real, se ve, por tanto, obligado: 1) A hacer abstracción de la trayectoria histórica, enfocando para sí el sentimiento religioso [Gemüt] y presuponiendo un individuo humano abstracto, aislado. 2) En él, la esencia humana sólo puede concebirse como 'género', como una generalidad interna, muda, que se limita a unir naturalmente los muchos individuos. (*El Capital*, Tomo II 667)

Aquí está presente la lógica de la multitud y, por lo tanto, de las diferencias. En la Décima Tesis Marx afirma: "El punto de vista del antiguo materialismo es la sociedad 'civil'; el del nuevo materialismo, la sociedad humana o la humanidad socializada" (*El Capital*, Tomo II 668). No hay manera que un género determine a los individuos; no hay una generalidad interna porque no hay interior, porque no hay afuera. No hay "un-sólo-afuera", por eso no hay una sola forma. Esto es así porque en cada una de las formas de estos ciclos de comprensión del capital, dichas formas se repiten, describiendo el ciclo anterior, y se corresponden con ese movimiento que significa la mirada del objeto por parte del observador.

Ahora revisemos una cita presente en *La Ideología alemana*:

> La primera premisa de toda historia humana es, naturalmente, la existencia de individuos humanos vivientes. El primer estado que cabe constatar es, por tanto, la organización corpórea de estos individuos y, como consecuencia de ello, su relación con el resto de la naturaleza. No podemos entrar a examinar aquí, naturalmente, ni la contextura física de los hombres mismos ni las condiciones naturales con que los hombres se encuentran: las geológicas, las oro-hidrográficas, las climáticas y las de otro tipo. Toda historiografía tiene necesariamente que partir de estos fundamentos naturales y de la modificación que experimentan en el curso de la historia por la acción de los hombres. (19)

Si hay algo claro en Marx, es que el hombre es material porque es el desenvolvimiento de la propia naturaleza: en el cerebro humano se cristaliza la evolución de toda la naturaleza. Todas las condiciones ecológicas son las condiciones de los cuerpos y esas condiciones corporales son, a la vez, condiciones de sus diferencias. Ningún estudio historiográfico podría sino partir de esas diferencias porque están hechas por acciones de los hombres, porque no dependen de los ciclos, ni de las formas, ni de los contenidos, sino de las relaciones humanas y, por eso, su grado de autonomización. La autonomización que Marx refería al valor es, justamente, un grado de indeterminación a través del movimiento.

La existencia corpórea de los hombres es el punto de partida y, no por casualidad, Marx comenzó leyendo la teoría de la población, no sólo porque afectase la constitución del capital, sino porque estructuralmente era importante. Anteriormente dijimos que la apropiación del disfrute es uno de los centros de la lógica del capital, pero, para verlo, es imprescindible ver la desigualdad como base de las relaciones sociales. En este sentido, Marx escribió en el capítulo "La llamada acumulación originaria" de *El Capital*:

> Esta acumulación originaria viene a desempeñar en la Economía Política más o menos el mismo papel que desempeña en la Teología el pecado original. Adán mordió la manzana y, con ello, el pecado se extendió a toda la humanidad. Los orígenes de la primitiva acumulación pretenden explicarse relatándolos como una anécdota del pasado. En un tiempo muy remoto –se nos dice– había, de una parte, una élite traba-

jadora, inteligente y, sobre todo, ahorrativa y, de la otra, un tropel de descamisados, haraganes que derrochaban cuanto tenían y aún más. Es cierto que la leyenda del pecado original teológico nos dice cómo el hombre fue condenado a ganar el pan con el sudor de su rostro; pero la historia del pecado original económico nos revela por qué hay gente que no necesita sudar para comer. No importa. Así se explica que mientras los primeros acumulaban riqueza, los segundos acabaron por no tener ya nada que vender más que su pellejo. De este pecado original arranca la pobreza de la gran masa, que todavía hoy, a pesar de lo mucho que trabajan, no tienen nada que vender más que a sí misma, y la riqueza de los pocos, riqueza que no cesa de crecer, aunque ya hace muchísimo tiempo que sus propietarios han dejado de trabajar. (Marx, *El Capital*, Tomo I 667)

La lógica del pecado original tiene que ver con la ruptura de lo armónico. Lo que Marx intenta explicar, a partir del relato bíblico, es que había un orden preexistente que solamente la avaricia, la codicia y "el creerse como un dios" pudieron llevar a los hombres a querer romperlo. Pero las consecuencias no eran sabidas por la acción, sino que este hombre absoluto "que es dios" pone como, consecuencia, esto de ceder a su tentación. Por lo tanto, el pecado original económico nos cuenta por qué hay algunos que tienen y otros que no. El relato versa en torno a los trabajadores inteligentes y ahorrativos, por un lado, y a los descamisados, haraganes que derrochan cuanto tienen y aún más, por el otro. Por eso la condena. ¿Cuándo se condena a alguien?, cuando éste se indisciplina; ¿cuándo se indisciplina?, cuando la lógica de la aceptación del lugar ha sido rota por la lógica de la acción. Por lo tanto, cada vez que uno cometa el "pecado" de volver al "pecado original", de querer equipararse al capital, será disciplinado. Esto nos habla de que la lógica del capital consiste en hacernos aceptar nuestra desigualdad, so pena de castigo. Si usted no se confiesa, vuelve al estado del pecado original. ¿Cuáles son, para el catolicismo, los pecados que vuelven al estado del pecado original? En primer lugar, el no recibir el sacramento del bautismo, que implica la introducción a la sociedad: para que la comunidad reciba al individuo, éste tiene que librarse del pecado original. Ese "librarse" tiene la condición de que nunca vuelva se hacia atrás, es decir, que no se cometan pecados mortales. Los pecados mortales tienen que ver con los mandamientos y con las virtudes. ¿Qué es el capitalismo?, pues un ciclo de mandamientos y de virtudes que hacen lo que Marx afirma categóricamente: "De este pecado original arranca la pobreza de la gran masa, que todavía hoy, a pesar de lo mucho que trabaja, no tienen nada que vender más que a sí misma, y la riqueza de los pocos, riqueza que no cesa de crecer, aunque ya haga muchísimo tiempo que sus propietarios han dejado de trabajar" (*El Capital*, Tomo I 607). El propietario tiene capacidad de disposición y, ésta, no es un contenido universal, sino un contenido modificable de acuerdo con la condición histórica. En esa configuración encontramos la desigualdad como base de la relación social, pero en ella anida toda la magia social de una renovada religión.

En los *Manuscritos económicos y filosóficos* (1844), específicamente en el Tercer Manuscrito, en *"El poder del dinero"*, Marx introduce la relación dinero/disfrute:

> El dinero, en cuanto posee la propiedad de comprarlo todo, en cuanto posee la propiedad de apropiarse todos los objetos es, pues, el objeto por excelencia. La universalidad de su cualidad es la omnipotencia de su esencia; vale, pues, como ser omnipotente (…) el dinero es el alcahuete entre la necesidad y el objeto, entre la vida y los medios de vida del hombre. Pero lo que me sirve de mediador para mi vida, me sirve de mediador también para la existencia de los otros hombres para mí. Eso es, para mí, el otro hombre. (Marx, *Manuscritos* 177)

¿Qué podemos decir de todo esto?

Primero, no hay capitalismo sin sensaciones porque la lógica del capital es una lógica de regulación de esas sensaciones.[8] ¿Por qué se regulan esas sensaciones? Porque las condiciones de sensación no son meras cualidades antropológicas del sujeto que cambian históricamente, sino que, por el contrario, cambian históricamente porque son cualidades de carácter esencial de acuerdo con su movimiento, es decir, no son sustanciales: todos tenemos maneras de ver lo bello y lo feo; lo bueno y lo malo, históricamente determinadas, pero son las pasiones y sensaciones del hombre lo que hacen su naturaleza de ser sensible. Este ser sensible depende del objeto. El modo particular cómo se afirme ese objeto se construye en el hecho de que el objeto es, para esas sensibilidades, el modo particular de su goce: como porque ausento hambre, bebo porque ausento sed, etc. Es por eso que el hacer del objeto es lo que me mueve y, es por ello, que antes mencioné esa ausencia que es una presencia. En esta lógica de ausentificación adviene que el hombre es humano en su sensación porque la afirmación del objeto, por otro, es, igualmente, su propio goce: yo tengo hambre, usted tiene hambre, ¿cuál de los dos va a saciar su hambre? Es, por esta lógica, que la propiedad privada, no tiene otro sentido: desembarazada de su enajenación, es la existencia de objetos esenciales que en tanto hombres tenemos respecto de los goces de los otros, por eso, el otro, es un goce para mí. La lógica del capital es una lógica de apropiación del disfrute del otro. Es por ello que "el dinero es el alcahuete entre la necesidad y el objeto" (ya no habla de goce).

Aquí se decide el problema de la apropiación del disfrute del otro como lógica de un capital indeterminado. De ahí que la obturación y el acicate del deseo tienen forma de banda de moebio. En una primera crítica radical al capital uno puede pensar que consiste en sacarle a uno, pero no, el problema es que el capital nos da. Por eso, la suturación posible del deseo es solamente a partir del acicate del deseo. Tenemos que tener en claro que, cuando aceptamos eso, "el dinero es el alcahuete entre la necesidad y el objeto, entre la vida y los medios de vida del hombre. Pero lo que me sirve de mediador para mi vida, me sirve de mediador también para la existencia de los otros hombres para mí. Eso es para mí el otro hombre" (Marx, *Manuscritos* 177). Así, el dinero es un medio de existencia para mi vida, es por ello que la equivalencia entre las cosas es la equivalencia entre los hombres. Pero como sabemos que no hay posibilidad de tal equivalencia, hay imposibilidad de sutura. Si esto es así, no hay sociedades cerradas. Las sensaciones nunca se suturan porque no son cualidades antropológicas determinadas, sino cualidades con una multiplicidad absoluta, por ello, es imposible pensar en sociedades cerradas que sigan una lógica de reloj. No hay sutura permanente porque el goce se desplaza, del mismo modo que se desplaza el deseo. Puedo gozar incluso en contra de mi propio deseo. Luego, cuando abordemos avaricia y lujo, veremos que no hay relación entre placer, goce y deseo.

No hay agregados colectivos pre-figurados de antemano sino la toma de conciencia de clase en función de que el sujeto se ve, en carácter de explotado, con otros. Esta *conciencia para sí* no puede obtenerse sino en la configuración colectiva. Esta ruptura con el marxismo leninismo implica que no hay interpelación posible desde un afuera porque no hay ningún adentro que interpelar. Esa interpelación no es un acto de la mente o de la subjetividad, es un acto del observador, el cual es, al mismo tiempo, transformador. La única vía es la revolución. No hay acto de pensamiento para transformar el sistema, no hay interpelación externa, por eso, desde Lenin y Althusser, lo que se ha discutido es quién hace esa interpelación. La de hoy es una lectura intempestiva de Marx porque aquí estamos trabajando textos que nos autorizan a pensar que hoy podemos ver esto, que no se trata de un capital decimonónico, manchesteriano, este capitalismo atroz y salvaje es el que vemos hoy. Por eso, desde acá, puede pensar la fantasía colonial de un imperio que ha tomado una forma neocolonial. Así, los textos de Marx siguen siendo útiles para pensar la lógica del capital.

Marx escribe:

> Aunque sea cobarde, es valiente quien puede comprar la valentía. Como el dinero no se cambia por una cualidad determinada, ni por una cosa o una fuerza esencial humana determinadas, sino por la totalidad del mundo objetivo natural y humano, desde el punto de vista de su poseedor puede cambiar cualquier propiedad por cualquier otra propiedad y cualquier otro objeto, incluso los contradictorios. Es la fraternización de las imposibilidades; obliga a besarse a aquello que se contradice. (Marx, *Manuscritos* 181)

Cuando Gramsci instala la idea de optimismo en el conocimiento y pesimismo en la voluntad, está pensando que la filosofía de la praxis es eso que nos lleva a ser profundamente incisivos en la crítica porque hay un objeto de la voluntad presente que nos lleva a transformar. El sistema no se cambia, se revoluciona. Por eso la idea de los partidos marxistas, hasta la década del '70, que no hay cambio social. Cambio social es una expresión de la "sociología burguesa" para salir del paso sobre cuándo hay una transformación. Cuando hay cambio social no hay revolución. Jessop, en uno de los primeros trabajos que se escriben en los setentas en el marco de las discusiones sobre el Estado regulacionista, afirma que, desde esta perspectiva, revolución y reforma son dos caras de una misma moneda; orden y caos de la misma cosa. Por eso la voluntad, como objeto, tiene que ver con el amor que uno pone porque, en todo caso, para Marx la única salida es la partera que tiene que hacer de esto, otro mundo. Ese otro mundo nos llevaría a discutir el tema de la violencia, pero no tal cual nosotros la imaginamos. Fíjense hasta qué punto están reguladas las sensaciones en el capitalismo tardío que, si alguien propone, en ámbitos como el universitario, hablar de revolución, es sospechoso. En esta lógica de la sospecha, Marx se adelanta a Nietzsche muchos años, pues sospecha de eso que nosotros podemos suponer como alternativo, es decir, que si pensamos que algo es alternativo, dense por sabido que no lo es, esto afirma Marx. Cuesta pensar que lo que suponemos alternativo no lo sea en verdad porque la lógica de la diferencia indicaría que, cada uno, aceptando al otro como es, lo está aceptando como realmente es. Esta cita nos pone el desafío de pensar que cuando uno acepta al otro, lo está aceptando en función de lo que es para uno. El mandato "acepta las diferencias" se oculta detrás de las condiciones materiales de la aceptación de esa diferencia. Es por ello que hacer una crítica unilateral, omni-comprensiva y poco relativista de la forma de conducirse del mundo islámico no conduce a otro lado que no sea el contra-terrorismo.

Aceptando que el capital gira todo el tiempo, si uno se para en un punto no encuentra ni el punto de salida, ni el de entrada, sino el punto en el que la rotación tiene un pivote, y es ahí donde el capital tiene condiciones de indecibillidad. Es decir, se trata de un sistema que no está completamente cerrado, por eso no se puede trastocar a través de formulaciones antagónicas o pacíficas. Uno no puede en un momento determinado cambiar el sistema, porque, además, los modos de producción no cambian así, rotundamente, por eso el capital muta. El capital muta porque los capitalistas saben que no pueden ganar siempre, por eso buscan el punto de equilibrio que es el punto en el que la tasa de ganancia del capital está decreciendo pero todavía soporta el ciclo.

Cuando Marx habla de la "conciencia burguesa" se refiere a las formas institucionales que se ha dado la burguesía para poder aceptar los mecanismos de dominación, sin necesidad de responder, constantemente, por qué la herencia y la propiedad privada son las bases de un sistema desigual. No hay propiedad privada sin herencia. En este marco es que la conciencia burguesa es transformadora, por lo tanto, es, en el espacio, donde hay posibilidad que el capital genere una conciencia de lo colectivo y es mucho más probable que dentro de los explotados. Uno es trabajador asalariado pero no de un burgués en particular, sino de todos los que compiten por pagar el salario. En ese concepto de clase hay conciencia para sí porque todos saben que compiten entre sí, por eso Marx afirma que son gladiadores que luchan entre sí y el que gana puede obtener la relación de oferta y demanda; yo, explotado, oferto mi trabajo, cuando los capitalistas pelean lo hacen sobre la conciencia de que son los únicos demandantes y, por eso, pueden bajar el salario. El que gana es que el destruye al otro en esa competencia. En ese sentido siempre hay conciencia para sí en la burguesía. De ahí que el capital tenga conciencia represiva o regulatoria.

¿Qué significa clase? Según la manualística de la Sociología, Marx nunca escribió sobre las clases y, por lo tanto, no sabemos qué pensaba. Esto no es así, por algo, al capítulo 48 de *El Capital*, lo tituló "La fórmula trinitaria".

En este escrito uno de los factores tiene que ver con el interés de otro, por eso "la santísima trinidad" o el Padre, el Hijo y el Espíritu Santo. El trabajo aparece, fantasmalmente, a través de los intereses del capital y de la tierra. Aquí está diciendo que las clases no son posicionalidades esenciales, aunque lo diga en otro lugar.

> Veíamos que el proceso de cambio de las mercancías encierra aspectos que se contradicen y excluyen entre sí. El desarrollo de la mercancía no suprime estas contradicciones; lo que hace es crear la forma en que pueden desenvolverse. No existe otro procedimiento para resolver las verdaderas contradicciones. Así, por ejemplo, el que un cuerpo se vea constantemente atraído por otro y constantemente repelido por él, constituye una contradicción. Pues bien, la elipse es una de las formas de movimiento en que esta contradicción se realiza a la par que se resuelve. (Marx, *El Capital*, Tomo I 65)

Cada cuerpo contra otro cuerpo constituyen algo colectivo, pero como la relación es elíptica, no hay esencialidad en esas clases. De ahí que, en *El dieciocho de Brumario de Luis Bonaparte* y en *La lucha social en Francia*, Marx describe la derrota del movimiento obrero como contradicción interna del mismo movimiento y de las fracciones de clases internas. Además, es por esto que describe al lumpen-proletariado como una alianza con el bonapartismo y con las clases estatales.

Ahora veamos la relación entre fetiche, fantasma y fantasía que resulta de la misma lógica del capital, recurriendo a algunas citas. Para entender lo que anteriormente expresamos como "el mundo mágico de las cosas y las cosas de un mundo mágico", tomaré una cita que parece extraída de Bourdieu, y sin embargo permite ver la relación entre lo material y lo simbólico. En este sentido, parece que existiera el prejuicio de que si uno es marxista no tiene claro el peso de lo simbólico en la estructuración de lo social. Justamente cuando Marx explica la relación entre valor y mercancía escribe: "Es lo mismo que acontece en otro orden de relaciones, donde el individuo B no puede asumir ante el individuo A los atributos de la majestad sin que al mismo tiempo la majestad revista a los ojos de éste la figura corpórea de B, los rasgos fisonómicos, el color del pelo y muchas otras señas personales del soberano reinante en un momento dado" (Marx, *El Capital*, Tomo 1 19). Aquí Marx observa cómo la lógica de la mirada cambia la estructura de lo corporal, en función de la situación del sujeto. El sujeto A no puede conducirse frente al B como si estuviera frente a alguien con poder si no lo inviste de poder. La lógica del investir de poder transforma, incluso, las propiedades materiales. En otras palabras, es por eso que, cuando comenzó el proceso que hoy estamos viviendo los argentinos, a Kirchner se lo veía "rubio, de ojos celestes y lindo". En esa lógica, Marx supone esto que yo he llamado "el mundo mágico de las cosas y las cosas de un mundo mágico" porque pone en evidencia que la lógica de la posición tiene que ver con las cualidades que esa posición adquiere cuando uno la mira; lo que se transforma en la mirada cuando la posición cambia, y cambia desde sus cualidades más físicas. Aquí hay un doble sentido. Siempre el contenido de la forma es subjetivo por eso, esa "majestad", es puesta en juego cuando se puede cambiar; mientras no se pueda cambiar la posición, esa majestad no podrá ser adquirida.

Anteriormente afirmé que "el mundo mágico de las cosas" está relacionado con los momentos del fetiche, en tal sentido, Marx escribe:

> El comportamiento puramente atomístico de los hombres en su proceso social de producción y, por consiguiente, la figura de cosa que revisten sus propias relaciones de producción —figura que no depende de su control, de sus acciones individuales conscientes— se manifiesta, ante todo, en que los productos de su trabajo adoptan, en general, la forma de mercancías. El enigma que encierra el fetiche del dinero no es más, pues, que el enigma, ahora visible y deslumbrante, que encierra el fetiche de la mercancía. En el siglo XII, tan renombrado por su religiosidad, suelen aparecer, entre esas mercancías, objetos de suma exquisitez. Un poeta francés de aquellos tiempos incluye, así, entre las mercancías expuestas en el mercado de Landit, junto a telas, cuero, aperos de labranza, pieles, etc., también a las 'femmes folles de leur corps' [mujeres de fogosos cuerpos]. (Marx, *El Capital*,Tomo 1 48)

A lo largo de muchos momentos, *El Capital* sostendrá que la moneda es un signo. En esta cita Marx sostiene: "el enigma del dinero". Es decir, que el dinero se puede intercambiar por todo y que todo se representa en él, se transforma en una magnitud desconocida, por eso la idea de enigma. Pasa a tener un estado "visible y deslumbrante" cuando tiene cuerpo de mercancía.

¿Qué puede entender uno por "fetiche" en estas condiciones? Una primera condición es que uno se encomienda en manos del fetiche. Por ejemplo, cuando usted da un examen con una pata de conejo, en este objeto deposita el vacío de su propio conocimiento y, por lo tanto, esa pata de conejo es la que le brinda el conocimiento necesario para rendir el examen. En la cita anterior Marx afirma que cuando el enigma del dinero se transforma en enigma de mercancía se hace aún más visible y deslumbrante, por eso la lógica del reconocimiento de la cosa. La segunda condición es que el fetiche adviene, como una lógica de enajenación, en el objeto. Esto ocurre cuando el sujeto le otorga a la mercancía el poder de potestad. En este sentido, cuando el poder de potestad cambia incluso la fisonomía de la mercancía, esta fisonomía puede ser trasladada a través de cualquier medio de circulación, en este caso, el dinero. Es, ahí, donde se mistifica la relación. De este modo, cada vez que uno acepta el fetiche está aceptando la fantasía de la mercancía. La fantasía de la mercancía implica que ésta adquiera vida propia a través de la posición que tiene respecto a uno mismo, es decir, concediéndole la majestad sobre el vacío de esta subjetividad nunca suturada.

En otro texto, Marx escribe sobre la relación de equivalencia entre la mercancía y otra mercancía:

> Pero como las propiedades de un objeto no brotan de su relación con otros objetos, puesto que esta relación no hace más que confirmarlas, parece como si la levita debiera su forma de equivalente, es decir, la propiedad que la hace susceptible de ser directamente cambiada, a la naturaleza, ni más ni menos que su propiedad de ser pesada o de guardar calor. De aquí, el carácter misterioso de la forma equivalencial carácter que la mirada, burguesamente embotada, del economista sólo advierte cuando esta forma se le presenta ya, definitivamente, materializada en el dinero. Al encontrarse con el dinero, el economista se esfuerza por borrar el carácter místico del oro y la plata, colocando, en su puesto, mercancías menos fascinadoras y recorriendo, con creciente regocijo, el catálogo de toda la chusma de mercaderías a las que, en otros tiempos, estuvo reservado el papel de equivalentes de valor. (Marx, *El Capital*, Tomo 1 24)

Uno puede pensar que tiene determinada posición de clase porque justamente tiene una posición (esto es lo que piensa Bourdieu), sin embargo, aquí nos encontramos con un estadio muy interesante de la explicación: "yo me activo en la relación". Soy trabajador y el otro es capitalista pero sin la relación trabajador-capitalista, dicha posición no se activa. Con las mercancías y los valores de esas mercancías pasa lo mismo: hasta que no exista una posición para "activarlas", no hay concesión de "majestad", es decir, las propiedades de las cosas no surgen de la relación, sino que se activan a partir de ella.

Como afirmamos anteriormente, el orden de las cosas pasa a estructurar el orden de las relaciones entre los hombres, para que esto ocurra tiene que haber alguna equivalencia entre las mercancías y el dinero. Lo que enceguece, según Marx, al economista burgués es que el dinero puede comprarlo todo, no porque pueda comprar todas y cada una de sus sustancias, sino porque está comprando la relación que activa las propiedades de las cosas en relación. Si, por un lado, tenemos hierro y, por el otro, un traje, no vemos las semejanzas; la relación se activa cuando, con el mismo dinero, podemos comprar las dos cosas. Justamente, el carácter enigmático del dinero es que él encierra la relación que tienen esas mercancías. De este modo, en el capitalismo, la relación que hay entre los objetos y los sujetos se activa en la propia relación. Ese mundo, que parece ser fantástico, está precedido por las particularidades que tienen esas mercancías.

> "El cuerpo de la mercancía que presta servicios de equivalente, cuenta siempre como encarnación de trabajo abstractamente humano y, en todos los casos, es el producto de un trabajo determinado útil, concreto. Este trabajo concreto, pues, se convierte en expresión de trabajo abstractamente humano". (Marx, *El Capital*, Tomo 1 22)

Cuando uno afirma que la relación de equivalencia entre una mercancía y otra es "trabajo acumulado", no está hablando de trabajo "individualmente" acumulado, sino del trabajo abstractamente humano que se ha puesto en los dos lugares, hablamos, nuevamente, de la lógica de la peculiaridad de la mercancía. Un ejemplo: en el mercado negro podemos conseguir un par de zapatillas Nike por $20, sin embargo, esa mercancía tiene un valor de $100. ¿Cuál es la diferencia? Justamente una lógica, por la cual, lo que uno adquiere es la disposición de la tenencia cuando se dispara la cualidad, más allá del precio. El precio no activa, sino la cualidad que estaba dentro, es decir, el signo de distinción. En ese caso, si usted me ve con un par de Nike supondrá que tengo dinero, de ahí el engaño. Es un lugar imaginario que dispara las cualidades del poseedor pero no son ni la cualidad intrínseca de la mercancía (zapatillas hechas directamente por la fábrica Nike), ni tampoco las cualidades intrínsecas del poseedor (tener dinero para comprar las zapatillas). Lo que importa es "aparentar", tener el dinero; por eso, ésta es una lógica de fantasía que consiste en la aceptación de esta relación.

> Lo misterioso de la forma mercantil consiste sencillamente, pues, en que la misma refleja, ante los hombres, el carácter social de su propio trabajo como caracteres objetivos inherentes a los productos del trabajo, como propiedades sociales naturales de dichas cosas, y, por ende, en que también refleja la relación social que media entre los productores y el trabajo global, como una relación social entre los objetos, existente al margen de los productores. (Marx, *El Capital*, Tomo 1 37)

Lo que existe entre la zapatilla y la valoración de esa zapatilla es una relación objeto-objeto, es decir, una relación social entre los objetos, existente al margen de los productores.

> De modo análogo, la impresión luminosa de una cosa sobre el nervio óptico no se presenta como excitación subjetiva de ese nervio, sino como forma objetiva de una cosa situada fuera del ojo. Pero en el acto de ver se proyecta efectivamente luz desde una cosa, el objeto exterior, en otra, el ojo. Es una relación física entre cosas físicas. Por el contrario, la forma de mercancía y la relación de valor entre los productos del trabajo en que dicha forma se representa, no tiene absolutamente nada que ver con la naturaleza física de los mismos, ni con las relaciones, propias de cosas, que se derivan de tal naturaleza. Lo que aquí adopta, para los hombres, la forma fantasmagórica de una relación entre cosas, es sólo la relación social determinada existente entre aquéllos. (Marx, *El Capital*, Tomo 1 38)

Una fantasía se constituye por inversión. Marx está observando que, en el mundo de las mercancías (fantasía), las cosas se invierten. Uno no compra una mercancía por lo que es, sino por lo que puede hacer uno con ella. Y el mundo de las interrelaciones está constituido por la inversión, la oclusión y la destitución subjetiva. Estas formas fantasmagóricas lo son en función de la relación entre las cosas, no de las relaciones sociales.

Aquí la noción de enigma no remite a la idea de problema para ser resuelto, sino que refiere a mantener lo oculto, aún resolviéndolo, de ahí que Marx sea un gran cabalista. Las cifras son algo que queda siempre sin resolver y la lógica de lo enigmático no implica la resolución de problemas. Entre las cosas hay relaciones materiales porque son relaciones sociales, no por la materialidad de los objetos. El secreto está en que esas relaciones sociales han adquirido la forma de relaciones entre cosas. Una cosa es pensar "los objetos nos han ganado la vida" y otra es pensar "ahora nos hemos vuelto objetos". La lógica del capital es esta última: volvernos objetos siempre y cuando no nos demos cuenta de eso, es decir, "ser mercancías y no morir en el intento". Si uno es mercancía y no se da cuenta que depende de la relación social material que lleva con el otro, obviamente queda ocluida la capacidad disposicional que tiene uno sobre su propio deseo, sobre el disfrute. Este es un mundo de fantasía, por eso lo soportamos. El sistema nos da muchas justificaciones. No es lo mismo legitimar, justificar y soportar. Uno soporta a pesar de lo que uno desea.

Existe un jeroglífico social que nos acostumbramos a descifrar: detrás de cada mercancía están las relaciones sociales. No son los contenidos de las mercancías, sino los contenidos de las relaciones sociales que están allí, los que me "preocupan". Estos últimos, anteceden a las mercancías y a mi relación con dichas mercancías, por lo tanto, esa relación, en sí misma, no es transformable si no se transforma todo el "edificio". Una mirada pequeño burguesa democrática que aceptamos a partir de los años '80, por cuestiones tácticas, ("reformemos el sistema"), hoy se ha transformado en estratégica y, por lo tanto, tiene lógica de totalidad. En 1983 dijimos "menos mal, se fueron" y comenzamos a aceptar; en el 2005, mirando hacia atrás, nos dimos cuenta que lo que habíamos aceptado era demasiado. Las lógicas de relaciones entre cosas son eso, entre cosas. La cosa no es una materialidad, es una práctica que, al hacerse cuerpo, no se puede transformar sino con intervención. Por eso, frente a eso o hay represión, o regulación, o transformación total. La regulación y la represión las hace el capital, la transformación total la querían hacer algunos, ahora unos pocos. El valor que lleva inscrito la relación social es un dictum que se rompe sólo rompiéndolo, no se puede transformar.

El capital instala el sufrimiento como placer, esa es la lógica de la mercancía: a pesar que sabemos que estamos concediéndole toda la majestad y transformándonos en cosas, gozamos. En este sentido, permítanme presentar las primeras líneas de *El dieciocho Brumario de Luis Bonaparte*:

> Hegel dice, en alguna parte, que todos los grandes hechos y personajes de la historia universal aparecen, como si dijéramos, dos veces. Pero se olvidó agregar: una vez como tragedia, y la otra como farsa… Los hombres modelan su historia, pero no la hacen libremente bajo circunstancias elegidas por ellos mismos, sino bajo aquellas circunstancias con que se encuentran directamente, que existen y le han sido legadas por el pasado. La tradición de todas las generaciones muertas oprime como una pesadilla el cerebro de los vivos. Y cuando éstos aparentan dedicarse precisamente a transformarse y a transformar las cosas, a crear algo nunca visto, en esas épocas de crisis revolucionaria es precisamente cuando conjuran, temerosos, en su auxilio los espíritus del pasado, toman prestados sus nombres, sus consignas de guerra, sus ropajes para, con este disfraz de vejez venerable y este lenguaje prestado, representar la nueva escena de la historia universal. (Marx, *El dieciocho de Brumario* 221)

Con Alfonsín, eran ellos o los militares; con Menem, eran ellos o la hiperinflación; con la Alianza, eran ellos o la corrupción; con Kirchner, son ellos o el caos. Estos son fantasmas del pasado que oprimen el cerebro para que, justo cuando está por transformarse, las consignas del pasado vuelvan en la configuración de este fantasma que no puede existir sino gracias a la fantasía de creer que uno, con esa actividad independiente y autónoma, puede transformarla.

> Absorbida por completo en la generación de riqueza y en la lucha pacífica de la competencia, ya no percibieron que los fantasmas del tiempo de los romanos habían ocultado su origen. No obstante, por más heroica que haya sido la sociedad burguesa, fueron necesarios para darla a luz el heroísmo, la abnegación, el terror, la guerra civil y las batallas entre pueblos… En las citadas revoluciones, la resurrección de los muertos servía para enaltecer las nuevas batallas y no para caricaturizar las antiguas, servía para agigantar, en la imaginación, la misión proyectada y no para postergar la realidad de su cumplimiento, para hallar, otra vez, el espíritu revolucionario y no para pasear nuevamente ese fantasma. (Marx, *El dieciocho de Brumario* 211)

Aquí está claro que fantasma y fantasía son anversos de la misma moneda.

Retomando la noción de equivalencia, citaré a Marx: "Pero sólo un acto social puede convertir a una mercancía determinada en equivalente general. Por eso la acción social de todas las demás mercancías aparta de las mismas una mercancía determinada, en las cuales todas ellas representan sus valores. La forma natural de esa mercancía se transforma por tanto en forma de equivalente socialmente vigente. Su carácter de ser equivalente general se convierte, a través del proceso social, en función específicamente social de la mercancía apartada. Es de este modo como se convierte en dinero" (Marx, *El Capital*, Tomo I 50). El dinero es una mercancía, pero si la aparto y vale para todas (se convierte en el contenido de todo aquello que está vacío) su función social es mantener todo "junto", a pesar de que esté separado. Dinero es un significante vacío. Es un equivalente general que puede hacer que todas las diferencias desaparezcan haciéndose ellas poseedoras de la relación entre esas cosas. Prosigue Marx: "Éstos tienen un mismo propósito, y entregarán su poder y su autoridad a la bestia. [...] Y que ninguno pudiese comprar ni vender, sino el que tuviese la marca o el nombre de la bestia, o el número de su nombre]". (Marx, *El dieciocho de Brumario* 50) Esto es Apocalipsis 17-13. Aquí hay un doble juego. Primero que en la Biblia no es 17-13 sino 13-17. Marx lo cita como 13-17, ¿por qué? Porque en otro versículo es cuando aparece la Bestia como la palabra que se impone. El aparecimiento de la Bestia, en el marco del advenimiento de la plaga y de los jinetes del Apocalipsis, en realidad es un aparecimiento desde la palabra. Marx lo invirtió, tendría que haber sido escrito de este modo: "Es de este modo como se convierte en dinero (la mercancía apartada. Recuerden que Satanás es el ángel apartado). Y que ninguno pudiese comprar ni vender, sino el que tuviese la marca o el nombre de la bestia, o el número de nombre. Éstos tienen un mismo propósito, y entregarán su poder y su autoridad a la bestia". (Marx, *El dieciocho de Brumario* 50) ¿Qué quiere decir Marx? Que la equivalencia es una equivalencia fantasmática que tiene el reverso de su fantasía. Justamente porque se entrega como lógica del pesado fantasma (de la Bestia), tiene el valor de ser la fantasía del equivalente con todo. Por eso el diablo tiene la potestad de poder hacer todo; no es un dios, pero es un ángel muy pillo. "El número de su nombre" tiene que ver con la lógica del dinero.

4. *Avaricia, Lujo y Ahorro*

Ahora bien, ¿cómo son las percepciones sociales del mundo?, ¿cómo se regulan las sensaciones? Aquí aparece esto que mencionábamos como "sea mercancía y no muera en el intento". Esto está relacionado con aquello que sobra y aquello que falta, y es aquí donde uno se expone a muchas críticas provenientes del lado psicoanalítico, sin embargo, desde mi posición, esta es la lógica del capital.

Marx escribe:

> Pero el pecado original acecha en todas partes. Al desarrollarse el modo capitalista de producción, al crecer la acumulación y la riqueza, el capitalista deja de ser la mera encarnación del capital. Siente un "enternecimiento humano" por su propio Adán y se civiliza hasta el punto de ridiculizar como prejuicio del atesorador arcaico la pasión por el ascetismo. Mientras que el capitalista clásico estigmatizaba el consumo individual como pecado contra su función y como un "abstenerse" de la acumulación, el capitalista modernizado está ya en condiciones de concebir la acumulación como "renunciamiento" a su afán de disfrute. "Dos almas moran, ay, en su pecho, y una quiere divorciarse de la otra!". (Marx, *El Capital*, Tomo II 500)

Justamente en la lógica del espíritu del lujo, del consumo y del derroche puede verse la construcción histórica del capital configurada por el paso del ahorro ascético al despilfarro, en tanto indicaciones del capital. Así como el ahorro ascético había sido para el espíritu calvinista y puritano la indicación de salvación, ahora ese lugar lo ocupa el despilfarro, de ahí, nuestra tendencia a identificar a todo burgués con alguien que gasta mucho o que ostenta riqueza. Ahora detengámonos en el modo en que Marx describe al viejo y nuevo capitalista:

> En los inicios históricos del modo capitalista de producción y todo capitalista advenedizo recorre individualmente esa fase histórica el afán de enriquecerse y la avaricia prevalecen como pasiones absolutas. Pero el progreso de la producción capitalista no sólo crea un mundo de disfrutes. Con la especulación y el sistema del crédito, ese progreso abre mil fuentes de enriquecimiento repentino. Una vez alcanzado cierto nivel de desarrollo el "desgraciado" capitalista debe practicar, incluso como necesidad del negocio, cierto grado convencional de despilfarro, que es a la vez ostentación de la riqueza y por ende medio de crédito. El lujo entra así en los costos de representación del capital. Por lo demás, el capitalista no se enriquece como sí lo hacía el atesorador en proporción a su trabajo personal y a su no consumo individual, sino en la medida en que succiona fuerza de trabajo ajeno e impone al obrero el renunciamiento a todos los disfrutes de la vida. Por tanto, aunque el derroche del capitalista no posee nunca el carácter bona fide [de buena fe] que distinguía al del pródigo señor feudal, y en su trasfondo acechan siempre la más sucia de las avaricias y el más temeroso de los cálculos, su prodigalidad se acrecienta, no obstante, a la par de su acumulación, sin que la una perjudique necesariamente a la otra y viceversa. Con ello, a la vez, se desarrolla en el noble pecho del individuo capitalista un conflicto fáustico entre el afán de acumular y el de disfrutar. (Marx, *El Capital*, Tomo II 500)

Como puede observarse, entre lujo, consumo y disfrute aparece la misma lógica que existe entre goce y mercancía. La riqueza aparece como patrón de bienestar. La distribución desigual de la riqueza es "fácil" de pedir, lo que es difícil de lograr es la destrucción de la riqueza como signo de distinción. El socialismo no pide distribución de la riqueza sino su apropiación y su destrucción como signo de distinción, algo totalmente mucho más radical.

> Acumulad, acumulad! He ahí a Moisés y los profetas! "La industria provee el material que el ahorro acumula". Por tanto, ahorrad, ahorrad, esto es, reconvertid en capital la mayor parte posible del plusvalor o del plusproducto! Acumulación por la acumulación, producción por la producción misma; la economía clásica expresa bajo esta fórmula la misión histórica del período burgués. Dicha economía no se engañó ni por un instante acerca de los dolores que acompañan el parto de la riqueza, ¿pero de qué sirven los lamentos frente a la necesidad histórica? Mas si para la economía clásica el proletario sólo era una máquina destinada a producir plusvalor, tampoco el capitalista era, para ella, más que una máquina dedicada a la transformación de ese plusvalor en

> pluscapital…. Los señores capitalistas, transformados desde hace mucho tiempo en derrochadores y hombres de mundo, pusieron el grito en el cielo. Cómo!, exclama uno de sus corifeos, un ricardiano, el señor Malthus propugna elevadas rentas de la tierra, pesados impuestos, etc., de manera que los consumidores improductivos se constituyan en un acicate continuo para el industrial! El shibboleth [la consigna], sin duda, es producir, producir en una escala ampliada incesantemente, pero "tal proceso trabará, más que fomentará, la producción. No es enteramente justo, tampoco (nor is it quite fair), mantener así en la ociosidad a cierto número de personas, sólo para aguijonear a otras de cuyo carácter cabe inferir (who are likely, from their characters) que, si fuera posible obligarlas a funcionar, lo harían con éxito. (Marx, *El Capital*, Tomo II 501)

> Justamente un año antes que Nassau William Senior efectuara, en Manchester, el hallazgo que la ganancia (incluido el interés) del capital era el producto de "la última hora" (impaga) "de trabajo, de la doceava", ese mismo autor había anunciado al mundo otro descubrimiento. "Yo" aseveró con solemnidad, "sustituyo la palabra capital, considerado como instrumento de producción, por la palabra abstinencia"… Estos señores harían bien en meditar, alguna vez, acerca de la tesis de Spinoza: Determinatio est negatio (determinar es negar]. Insuperable muestra, ésta, de los "descubrimientos" de la economía vulgar! Lo que la misma sustituye es una categoría económica por una frase propia de sicofantes. (Marx, *El Capital*, Tomo II 501)

Para seguir pensando en la regulación de las sensaciones, veamos una nota al pie, escrita por Marx, en el capítulo "El dinero o la circulación de la mercancía" de *El Capital*:

> El salvaje o semisalvaje utiliza la lengua de otro modo. El capitán Parry, por ejemplo, observa con respecto a los habitantes de la costa occidental de la bahía de Baffin: "En este caso" (en el intercambio de productos) "…le pasan la lengua" (al objeto que se les ofrece) "dos veces, con lo cual parecen considerar que el negocio ha sido concertado satisfactoriamente". Del mismo modo, entre los esquimales orientales, el adquirente lame cada artículo cuando lo recibe. Si la lengua hace así las veces, en el norte, de órgano de la apropiación, nada de extraño tiene que, en el sur, el vientre pase por ser el órgano de la propiedad acumulada y que el cafre estime la riqueza de un hombre por su barriga. (Tomo I 55)

Tal es la regulación de sensaciones que existe, que Marx opta por ponerlas en estado de gusto. Pasa de la lengua al estómago. El ejemplo es muy interesante porque tiene que ver con una lógica general del capital que significa "todo lo que a usted le falta es lo que me sobra a mí", pero no como persona, sino como relación social. Ahora bien, lo que intentamos aquí es comprender la lógica de por qué, a pesar de que eso es así, "usted lo soporta y yo lo reproduzco". Esta es la lógica del capital. El burgués personifica la relación, dándole vientre.

La reproducción es vincular. No hay materia sin relación, de ahí que la materia que determina la forma no pueda ser vista sin esta relación. No existe capital por un lado y trabajo por otro. El capital es "trabajo acumulado", es decir, producto del trabajo, por ende, es el trabajo asalariado lo que lo posiciona como tal. Pero ésta no es una relación entre personas, sino entre personajes. Marx conserva la idea que en esta relación, hay cuatro personajes dramáticos, es decir, cuatro identidades caracterizadas en esos personajes. Por eso, en varios pasajes de sus textos, Marx cita a Shakespeare para mostrar la relación que existe entre la mercancía y el amor.

5. La fantasía colonial

Supongamos las lógicas implícitas en la mercancía, en la indeterminación del capital y en la apropiación del disfrute, ¿qué pasa hoy con eso?, ¿cómo pensar las relaciones capitalistas en la actualidad? Aunque esas son relaciones que Marx piensa en el siglo XIX y para el siglo XIX, se mantienen hoy porque son lógicas sistémicas. El capital es siempre uno y el mismo, pero diferente. El paso de las tejedoras del siglo XVIII y XIX a las maquilas salvadoreñas del siglo XXI, nos habla de ello.

A esta parte la llamé "La fantasía colonial", y durante la exposición utilizaré algunos títulos metafóricos para ver al mundo desde el margen de la esfera, siempre desde una lectura poscolonial de la dominación.

Hay tres políticas que desnudan al sistema neocolonial, y son develadas por Marx o, al menos, están claramente expuestas en los textos, aún cuando el autor no se esté refiriendo a ellas explícitamente: políticas de la identidad, políticas de los cuerpos y políticas del sentido común.

5.1 Políticas de la identidad

Uno de los principales problemas con que nos encontramos a finales del siglo XX es que, según algunas versiones, las clases sociales habrían desaparecido. Y, como ya no hay clases, tampoco existiría a quién atribuirle la dominación. Estas son dos cosas distintas, no sabemos cuál deriva de la otra y, finalmente, no estamos seguros que las clases hayan desparecido. Este es un discurso muy generalizado en nuestro círculo académico, así como en los intentos de las teorías cínicas. Una de las discusiones contemporáneas centrales son las políticas de identidad de los colectivos (movimientos sociales, organizaciones sociales, etc.), la lógica de la pertenencia y la palabra.

La década del '60 trajo como consecuencia una especie de "sensibilidad" hacia los colectivos, no siempre atravesados por fenómenos de clase. En este sentido, uno podría decir que la clase tiene que ver solamente con la posición en las relaciones de producción, sin embargo, Marx jamás afirmó eso y, por otro lado, tampoco tiene que ver con la identidad de la clase porque ésta se constituye en las relaciones sociales de producción y no en las relaciones de producción. Varios autores se equivocan cuando citan algunos textos de Marx para referirse a la sustancialidad de la clase ("las clases son dos"), cuando, en realidad, en todos los escritos políticos aparecen fracciones de clase.

La identidad no se da por la lógica de la apropiación de los medios materiales por los cuales se crea el valor, sino por la forma como se apropian las fuentes de generar el valor, es decir, por la fuerza de trabajo. Que las máquinas sean parte del sistema, es cierto, pero los medios de producción son la posibilidad de hacerlas. El hecho de mandar a hacer los aparatos y que tengan valor, ese es el hecho que se apropia, literalmente, el burgués, es decir, pone a su servicio la fuerza de trabajo de otro. Esa es la clave, en eso se basa la relación de clase. Las relaciones sociales de producción son relaciones de clase. El trabajo es capital variable; el capital fijo no genera capital, por lo tanto, quien detenta capital variable es el que genera el capital: uno puede ser propietario de fábricas, pero tenerlas vacías, eso es lo que ocurre ahora, hay que ponerlas a producir porque el valor lo agrega la fuerza de trabajo. Por lo tanto, la clase no emerge, sola y exclusivamente, por la posición respecto a los medios de producción, sino por la posición respecto a quién tiene la apropiación de la fuerza del trabajo.

En el capital, una política de identidad implica la imposibilidad de concebir lo fijo sin lo variable. En los últimos veinte años se ha dicho que ha desaparecido el sujeto revolucionario porque el conflicto trabajo-capital se ha desplazado y, por lo tanto, los obreros no son los portadores de la revolución. Esto implicaría, como afirma el marxismo tradicional, que el sujeto revolucionario siempre sería el mismo, sin embargo, yo lo pondría en discusión. Considero que hay una imposibilidad de ver lo fijo sin lo variable porque la pertenencia al colectivo es la re-contingencia de un acto; la identidad nunca es fija. Lo único que puede reconocerse como identidad fija en un proceso es el centro de gravedad, es decir, aquel que tiene la palabra después que yo. Como esa palabra siempre la tiene otro, la interpelación (lógica leninista, lógica estructuralista), es decir, que alguien diga lo que es el proletariado, la clase, etc. siempre estará en el medio. Aquí estoy jugando entre dos versiones. Por un lado, la *althusseriana*, es decir, la relación entre Freud y Lacan que toma Althusser para designar la identidad: hay algo que me interpela desde fuera, por eso la conciencia para sí se vuelve sólo si alguien lo dice (sea un intelectual, la vanguardia, etc.). Por otro lado, la visión *leninista-gramsciana* que afirma que eso lo tiene que tomar el partido. Creo que hay clases pero no que haya partidos de clases, y esa es una discusión muy vieja. Considero que existe la imposibilidad que la identidad sea "uno" y que, además, sea una identidad fija la que deba decir lo que "uno es".

Esta puede ser una aseveración peligrosa por dos motivos: uno de carácter estratégico y otro táctico. Respecto al primero, si uno no puede afirmar cuál es el sujeto que lleva adelante la insurrección, no podrá coordinar una estrategia general de alianza. Respecto al carácter táctico, uno podría suponer que, si bien es así, lo mejor será no decirlo. Considero que el que reconoce su identidad no puede ser otro que el sujeto que la porta, porque ésta no puede ser imputada desde afuera. De este modo, lo que nos divide a usted y a mí no es tanto lo que queremos, sino el modo en que podemos interpretar el mundo de acuerdo con la posición y condición de clase. No estoy dispuesto a aceptar que exista una identidad fija. La alternativa que deberíamos discutir no es que haya clase o no, sino si esa clase está o no está para otro. Pienso que la clase puede verse de una manera distinta (no por novedosa): como apropiación de la disponibilidad de los cuerpos, y hay tantas clases como apropiación de la disponibilidad de los cuerpos exista en el sistema, en los modos de producción que convivan en el sistema capitalista y en las formaciones sociales.

La existencia de la clase es anterior a cualesquiera interpretación e interpelación. No puede entenderse un mundo sin clases, sin embargo, la única manera de interpretarlo no es a partir de las luchas sociales que lleva adelante el proletariado. Es una tautología afirmar que el motor de la historia es la lucha de clases y que el sujeto histórico es el proletariado que da vida al motor de la historia. Del otro lado están los burgueses. La explicación teórica y práctica que dio Marx es la que todos conocemos: al generar al proletariado, el sistema mundial se ha colocado su propia soga al cuello en la horca, produciendo, de ese modo, su contradicción extrema; en la explotación del proletariado anida el germen de la revolución. Podemos decir que ya ha pasado un siglo y medio y que eso no ha ocurrido, pero es interesante abrir la noción de clase (incluso desde las múltiples visiones e interpretaciones que existen), teniendo en mente la disponibilidad de lo corporal. Para Marx no hay posibilidad de capitalismo sin sobrepoblación en la medida en que es necesario que el capital domine a la fuerza de trabajo. La teoría de la población contemporánea (que va más allá del propio Malthus) es una teoría sobre los cuerpos, más que sobre la población; sobre las multitudes, más que sobre las masas. Nos encontramos en un estadio superior del desenvolvimiento y concentración del capital financiero que hace que ese capital sea re-concentrado y repoblado, por lo tanto, uno tiene que decidir la clase de cuerpos que están extinguidos o disponibles. Las políticas de la identidad del capital consisten en una transformación de la disponibilidad corporal porque justamente la identidad consiste en la imposibilidad de ver algo fijo sin lo variable. En estas disposicionalidades se establecen las distancias y, a partir de ellas, las relaciones entre las clases. Cuando al trabajador no le queda otra opción que disponer de su propio cuerpo, es cuando comienza la lógica del valor del capital y, por lo tanto, empieza la clase.

Marx escribe:

> El nombre de una cosa es, por entero, exterior a la naturaleza de la misma. Nada sé

> de una persona de la que sé que se llama Jacobus. De igual suerte, en las denominaciones dinerarias libra, tálero, franco, ducado, etc., se desvanece toda huella de la relación de valor. La confusión en torno al sentido secreto de estos signos cabalísticos se vuelve tanto mayor por cuanto las denominaciones dinerarias expresan el valor de las mercancías y, al propio tiempo, partes alícuotas de un peso metálico, del patrón dinerario. Por otra parte, el valor, a diferencia de los abigarrados cuerpos que pueblan el mundo de las mercancías, tiene que desarrollarse hasta asumir esa forma que es propia de una cosa y ajena al concepto, pero, también, simplemente social. (Marx, *El Capital*, Tomo I 62)

Todos sabemos que naturaleza no significa sustancia sino esencia, es decir, actividad que es flujo simultáneo. Aquí el nombre no tiene que ver con una sustancia, sino con una esencia, es decir, con la forma, por lo tanto, la forma y el nombre no tienen que ver. De aquí surge que la identidad es algo diferente al modo en que la denominemos; la identidad es un proceso que va construyéndose desde lo subjetivo y es relativa al observador. De esta manera, las clases siempre son subjetivas y relativas al observador, por lo tanto, son relacionales respecto del otro.

> La metamorfosis total de una mercancía lleva implícitos, en su forma más simple, cuatro extremos y tres personæ dramatis [personas actuantes]. En primer lugar, la mercancía se enfrenta al dinero como a su figura de valor, figura que, de la parte de más allá, en el bolsillo ajeno, es [136] una cosa dotada de una contundente realidad. Al poseedor de mercancías, pues, se le enfrenta un poseedor de dinero. No bien la mercancía se transforma en dinero, éste pasa a su forma transitoria de equivalente, cuyo valor de uso o contenido existe de la parte de acá, en otros cuerpos de mercancías. Como término de la primera transformación de la mercancía, el dinero es a la vez punto de partida de la segunda. De esta suerte, el vendedor del primer acto deviene comprador en el segundo, enfrentándosele aquí un tercer poseedor de mercancías en cuanto vendedor (…) La antítesis inmanente a la mercancía —valor de uso y valor, trabajo privado que a la vez tiene que presentarse como trabajo directamente social, trabajo específico y concreto que al mismo tiempo cuenta únicamente como general y abstracto, personificación de la cosa y cosificación de las personas—, esa contradicción inmanente, adopta sus formas más evolucionadas de movimiento en las antítesis de la metamorfosis mercantil. (Marx, *El Capital*, Tomo I 62)

Por lo tanto, la identidad es una metamorfosis que se mantiene siempre móvil y que se va construyendo, precisamente, en ese movimiento.

Todo sistema imperial tiene una política de la identidad y una forma de construcción de esa política como vía para decir lo que los sujetos son y tratar de regularlos. La política de la identidad consiste en nombrar pero, como el nombre no dice nada de la cosa, hay que preguntarse cuál es la lógica del capital para "llenar" identidades.

La propia lógica del capital es la que construye identidades, por lo tanto, hay clases respecto al capital. Cada uno de los colectivos que se enfrentan en función del disfrute, luchan por una disponibilidad corporal diferente, esto es, por energías sociales apropiadas diferencialmente de acuerdo con la capacidad de usar el cuerpo. En una primera aproximación, capacidad de usar el cuerpo significa lo que indica su literalidad: tener nutrientes; se configura como estructura de la posibilidad hacia el futuro. Nuestras políticas de estado atraviesan las clases, el problema es que muchas clases se configuran de acuerdo con la disponibilidad de los cuerpos que tienen y, la identidad, no puede construirse desde fuera.

5.2 Políticas de los cuerpos: De geometrías y gramáticas

Cuando hablamos de clases hay que tener presente que no existe una clase, sino fracciones de clase; siempre hay concurrencia entre las partes de la clase. ¿Qué es ser un desocupado? Estar definido desde la no-acción; se trata de un cuerpo que no está en movimiento. De acuerdo con la disponibilidad de energía social que tenga ese cuerpo se configura en clase. Por supuesto que pertenece a la clase trabajadora por una apropiación de distancia (es un trabajador que no está ocupado), pero no es toda la clase trabajadora. Marx lo vio así, no todo eso configura la clase trabajadora porque la distancia que hay es muy fuerte y está marcada por la posibilidad de poder hacer algo. Justamente la lógica del capital consiste en venderle a alguien que no puede hacer esa cosa; eso que no puede hacer, lo constituye, nuevamente, en una disposición de su propio cuerpo. Esto es fuertemente identitario porque lo que marca la identidad es lo que yo piense que es mi propio cuerpo, en relación con otros cuerpos. Si pienso que lo que marca mi cuerpo en relación con otros, es la no acción (des-ocupación), mi relación corporal estará marcada por la minusvalía de la acción. Así, la política extendida en el imperio es un estado melancólico ligado a la imposibilidad de hacer cosas. Las clases representan la lucha por la apropiación de la energía para disponer del propio cuerpo y eso me da una identidad u otra: ser negro; ser pobre; ser mujer; ser mujer, ser pobre y negra, etc. Nuevamente, no hay una única clase sino fracciones; una de las fracciones dentro de la clase trabajadora son los desocupados. La tercera generación de desocupados no es un desocupado; el desocupado era su abuelo; él se puede autorregular como desocupado en relación con la tradición, no con respecto a su cuerpo, porque su lógica de interacción es totalmente distinta. Uno puede afirmar que cada vez que hay acción hay identidad, pero el único que recuerda a la identidad, como lógica de su propia acción, es el sujeto y, a su vez, el colectivo que se subjetiviza en esa identidad.

Una de las limitaciones del sistema capitalista consiste en esa inoperancia de poder pedir algo alternativo. Cuando un grupo de desocupados protestan y reclaman por trabajo digno, están demandando más explotación. En eso consiste el límite de la acción. Hace unos días, en el programa televisivo de Mariano Grondona,[9] Raúl Castells[10] dijo: "los piqueteros queremos salir de nuevo a las cinco de la mañana a trabajar". Así, la lógica de la explotación es la lógica de la reproducción, incluso en condiciones de disponibilidad, que transforma a los desocupados, en otra clase: son una clase, pero no clase trabajadora.

Cada personaje que se ubique en la trama de valorización del capital va a tener una predicación de la acción que le posibilite atravesar por una clase diferente porque tendrá una disponibilidad corporal diferente. Por ejemplo, si usted se ubica en una trama del personaje del tipo mujer, gay, lesbiana, etc. la predicación de la acción será distinta, por eso hay una gramática de la acción que depende de esa geometría de los cuerpos. En este sentido, la identidad no se construye desde el vacío, sino de acuerdo con la disponibilidad que existe en la geometría de los cuerpos, que tiene al capital como centro de gravedad, y con las predicaciones de la acción (gramática de las acciones). Un ejemplo, hace 10 años eran "piqueteros",[11] hoy son desocupados (sinónimo de piqueteros): esa es una predicación de esa acción, pero cuando esa acción fue predicada y puesta en la gramática de la acción, fue enclasada. Ese enclasamiento constituyó a ese actor en una identidad colectiva (piqueteros). Posiblemente uno tenga que romper con esa identidad colectiva para que se produzca el desclasamiento de la acción. Sin embargo, la identidad colectiva me está hablando de la disponibilidad que tienen esos cuerpos para salir de esa coagulación.

Estoy queriendo mostrar que, en la lógica del pensamiento de Marx, la lucha de clases es, en realidad, una clase en lucha. No hay una clase, objetivamente determinable por su identidad interior, que sea la que luche contra el capital porque el capital tampoco es interior, ni determinable, ni único. Toda la lucha contra la opresión, es decir, contra el disfrute y la disponibilidad corporal, es una lucha contra el capital. Ahora bien, en el siglo veintiuno, luego de los procesos de descolonización, el género, la etnia, la edad y la clase atraviesan esa dominación. Se trata de entender cómo, cada uno de estos momentos se vuelven autónomos, unos respecto de otros y, cómo es posible volver a articularlos.

A continuación, voy a leer la contestación del obrero ante la venta de su fuerza de trabajo; aquí nos encontramos con un Marx escribiendo en primera persona:

> La mercancía que te he vendido se distingue del populacho de las demás mercancías en que su uso genera valor, y valor mayor del que ella misma cuesta. Por eso la compraste. Lo que, desde tu punto de vista aparece como valorización de capital, es, desde el mío, gasto excedentario de fuerza de trabajo. En la plaza del mercado, tú y yo sólo reconocemos una ley, la del intercambio de mercancías. Y el consumo de la mercancía no pertenece al vendedor que la enajena, sino al comprador que la adquiere. Te pertenece, por tanto, el uso de mi fuerza de trabajo diaria. Pero por intermedio de su precio diario de venta yo debo reproducirla diariamente y, por tanto, poder venderla

de nuevo. Dejando a un lado el desgaste natural por la edad, etc., mañana he de estar en condiciones de trabajar con el mismo estado normal de vigor, salud y lozanía que hoy. Constantemente me predicas el evangelio del "ahorro" y la "abstinencia". De acuerdo! Quiero economizar la fuerza de trabajo, a la manera de un administrador racional y ahorrativo de mi único patrimonio, y abstenerme de todo derroche insensato de la misma. Día a día quiero realizar, poner en movimiento, en [281] acción, sólo la cantidad de aquélla que sea compatible con su duración normal y su desarrollo saludable. Mediante la prolongación desmesurada de la jornada laboral, en un día puedes movilizar una cantidad de mi fuerza de trabajo mayor de la que yo puedo reponer en tres días. Lo que ganas así en trabajo, lo pierdo yo en sustancia laboral. La utilización de mi fuerza de trabajo y la expoliación de la misma son cosas muy diferentes. (Marx, *El Capital*, Tomo I 179)

Aquí se ve muy clara la diferencia por la apropiación de la energía. Y es muy interesante que Marx piense en esto para ver la lógica del capital.

Para hablar de la "sociedad de la diferencia", en este curso, se me ha ocurrido un título bastante provocativo: *Sea usted mismo, nadie lo notará*. Con él quise representar esa lógica del capital que cuando uno reclama la diferencia de no ser proletario, en realidad está reclamando la diferencia de ser otra forma de opresión. En ese sentido, lo que los une es esa forma de opresión del capital que se ha metamorfoseado porque el capital no se dedica a la producción. Esta es una discusión que sigo teniendo con algunos marxistas que todavía creen en el sujeto trabajador asalariado. Me estoy refiriendo al proletariado formal, aquel que tiene salario, seguro social, etc. ¡Cuidado! No estoy afirmando que se acabaron la lucha de clases y el proletariado formal, sino que el pensamiento de Marx nos permite ver otras cosas que son estas otras disposicionalidades energéticas de los cuerpos y estas otras predicaciones de la acción que se dan en el marco del capital global metamorfoseado.

No disponer del cuerpo implica no contar con la energía corporal que permitiría hacer otras cosas diferentes a las que ese sujeto hace. Por ejemplo, cuando los sectores populares cobran varios planes o subsidios sociales y "deciden" quedarse en su casa porque el monto que cobran les es "suficiente", ahí tenemos que ver la inacción. Desde la derecha se dice que "lo único que hacen es tomar mate y ver televisión todo el día", pero esto es una no disponibilidad de la acción, aunque pareciera que tuvieran todo el tiempo del mundo. Por su parte, el proletariado formal, que tendría la posibilidad de transformarse y de tomar conciencia revolucionaria, representa sólo una proporción muy baja de la PEA, por lo tanto, busca mantenerse en esa condición, emergiendo otra condición de inacción. ¿Qué hay? Regulación de las sensaciones para que no haya disponibilidad de la acción. La disponibilidad de la acción no es otra que la disponibilidad del cuerpo para hacer no lo que uno quiere, sino lo que uno desea.

5.3 Políticas del sentido común: Ideología y Fantasías

Para comenzar con esta última parte del curso, me interesaría leerles una cita presente en el prólogo a la primera edición alemana de *El Capital*, y que tiene que ver con la lógica del sentido común en tanto ideología que, en todo caso, siempre está puesta como reverso en fantasmas y fantasías.

> Además de las miserias modernas, nos agobia toda una serie de miserias heredadas, resultantes de que siguen vegetando modos de producción vetustos, meras supervivencias, con su cohorte de relaciones sociales y políticas anacrónicas. No sólo padecemos a causa de los vivos, sino también de los muertos. Le mort saisit le vif! [¡El muerto atrapa al vivo!]. Comparada con la inglesa, la estadística social de Alemania y de los demás países occidentales del continente europeo es paupérrima. Aun así, descorre el velo lo suficiente para que podamos vislumbrar detrás del mismo una cabeza de Medusa (…) Perseo se cubría con un yelmo de niebla para perseguir a los monstruos. Nosotros nos encasquetamos el yelmo de niebla, cubriéndonos ojos y oídos para poder negar la existencia de los monstruos. (Marx, *El Capital*, Tomo I xiv)

En el anverso de la constitución del capital, es decir, en el otro lado de la fantasía del disfrute, se encuentra este monstruo que tenemos regulado por el casco de Perseo: lo percibimos, pero ni lo vemos ni lo oímos. Es decir, la explotación no sólo consiste en extraer el plusvalor sino, también, en hacer que no se escuche ni que se vea. Ahora bien, ¿este es el anverso de qué?, ¿qué hay del otro lado en la cinta de moebio? La fantasía que, a través de esa apropiación del goce, uno puede vivir en un sistema donde las cosas suturan y la vida tiene algún sentido.

> La forma que adopta la circulación cuando el dinero sale del capullo, convertido en capital, contradice todas las leyes analizadas anteriormente sobre la naturaleza de la mercancía, del valor, del dinero y de la circulación misma. Lo que distingue esa forma de la que reviste la circulación simple de mercancías, es la secuencia inversa de los dos mismos procesos contrapuestos, la venta y la compra. ¿Cómo, empero, esta diferencia puramente formal habría de transformar como por arte de magia la naturaleza de estos procesos? (Marx, *El Capital*, Tomo I 111)

> (…) La forma de valor, cuya figura acabada es la forma de dinero, es sumamente simple y desprovista de contenido. No obstante, hace más de dos mil años que la inteligencia humana procura en vano desentrañar su secreto, mientras que ha logrado hacerlo, cuando menos aproximadamente, en el caso de formas mucho más complejas y llenas de contenido. ¿Por qué? Porque es más fácil estudiar el organismo desarrollado que las células que lo componen. Cuando analizamos las formas económicas, por otra parte, no podemos servirnos del microscopio ni de reactivos químicos. La facultad de abstraer debe hacer las veces del uno y los otros. Para la sociedad burguesa la forma de

mercancía, adoptada por el producto del trabajo, o la forma de valor de la mercancía, es la forma celular económica. Al profano le parece que analizarla no es más que perderse en meras minucias y sutileza. Se trata, en efecto, de minucias y sutilezas, pero de la misma manera que es a ellas a que se consagra la anatomía micrológica. (…) El físico observa los procesos naturales allí donde se presentan en la forma más nítida y menos oscurecidos por influjos perturbadores, o bien, cuando es posible, efectúa experimentos en condiciones que aseguren el transcurso incontaminado del proceso. Lo que he de investigar, en esta obra, es el modo de producción capitalista y las relaciones de producción e intercambio a él correspondientes. La sede clásica de ese modo de producción es, hasta hoy, Inglaterra. (Marx, *El Capital*, Tomo I xiv)

Me resulta interesante la idea que para que la mariposa pueda ser constituida tiene que haber muerte, porque el paso de la larva a la mariposa implica el abandono de una vida por otra; no son formas concatenadas de vida, no es una evolución biológica. Se produce una negación para exista una aparición, y esa aparición, en definitiva, muere en la propia aparición, porque la mariposa tiene alrededor de 24 horas de vida.[12] Cuando el capital se convierte a gran escala vuelve a tener esta lógica del dinero que sale y se transforma. El sentido común aceptado y aceptable no lo es en un sentido de dominación descarnada, sino de una metamorfosis del lugar que uno ocupa. Cuando uno habla de sentido común no se refiere a lo que piensa sino a sus propias prácticas.

Aquí está presente la lógica de los monstruos porque esta metamorfosis consiste en una especie de equilibrio entre la inacción que deja el fantasma y la esperanza que da la fantasía.

El optimismo transformador que pueda generar una acción, en el momento en que se vuelve transformadora, está agitando los fantasmas del pasado. Marx lo dice en El Dieciocho Brumario. Hoy, en el siglo veintiuno, la lógica del capital nos hace vivir de las fantasías y de los fantasmas. Supongamos que ahora nos propusiéramos cambiar el sistema, seguramente van a surgir voces tales como "cuidado que el conflicto trae al terrorismo y con el terrorismo vienen los militares". Ese es el fantasma. Claro que hay otras formas alternativas de vida, por eso existen Cuba y otras experiencias. Existen varias formas alternativas de vida porque el capital no tiene el mismo rostro. No creo en el capitalismo con rostro humano, pero una de las mil caras del capital, que Marx ve, es justamente su metamorfosis permanente. En una sociedad determinada el proletariado formal puede encontrarse en una situación muy buena, sin embargo, esto no significa que no esté en un sistema capitalista y, por lo tanto, que en dicha sociedad el disfrute de la riqueza quizás no sea la única lógica existente. ¡Cuidado! No he dicho acumulación de la riqueza, sino su disfrute. En ese sentido, lo que hay para transformar son todas estas acciones fragmentarias.

Los últimos quince años no indican que cuando uno está dispuesto a decir "esto es transformativo", salen los fantasmas del pasado. Creo que es mejor mantenerse en la posición que no hay mejor pesimismo que aquel que ha engendrado una esperanza racional, que es, en todo caso, una forma de entender la lógica del sistema. O hay transformación total, o no hay salida de la reforma mínima.

Otra pregunta sería cómo se puede llegar a esta transformación total. Esta es una pregunta de carácter estratégico y, también, pueden venir respuestas de tipo tácticas. En esta oportunidad estoy dando una respuesta de carácter teórico que se enlaza con el trabajo que hemos intentado realizar durante todo el día y que es tratar de ver la lógica de sujeción indeterminada que hay en el capital.

Ahora bien, ¿quién decide qué es fantasmático y qué es fantasía? Ese es un punto débil en el que la lógica posmoderna tiende a ser muy agresiva. Este es un problema: ¿quiénes van a imputar las lógicas de lo fantasmático y de las fantasías? Por otro lado, no hay posibilidades de construir un "fantasmómetro", por lo tanto, uno no puede medir a qué altura se encuentra de las fantasías y a qué altura de las prácticas esperanzadoras. Otro problema es que tampoco estamos en condiciones de dilucidar cuáles de las teorías que tenemos al respecto son las más adecuadas para identificarlas, por un lado, y para decidir cómo construimos la medida, por el otro.

Mi respuesta es: menos mal que nadie individualmente puede decidir eso; se trata de una resolución colectiva y meramente política, por eso el marxismo es una lectura científica y política (o mejor, es científica porque es política).

Cuba, ¿tiene fantasmas y fantasías? Claro que sí. ¿Es malo tener fantasmas y fantasías? Nadie ha dicho eso. He afirmado que, en la sociedad capitalista, los combates contra-fantasmáticos son los posibles modos de des-obturar los caminos emancipatorios, lo que no significan que sean malos; son procesos sociales.

La estructura de la fantasía social tiene tres características: inversión, oclusión y destitución subjetiva. Por su parte, el fantasma social se caracteriza por la minusvalía de la acción, la incorrespondencia a la destitución subjetiva, cuando la minusvalía de la acción se transforma en amenaza, e incorrección de la acción. Es decir, cuando actúa un fantasma uno siente que no puede actuar, que es incorrecto hacerlo y que es mejor no actuar; de este modo se transforma el "puedo actuar" en un "debo actuar", así termino haciendo sólo lo que puedo y no lo que debo. Por el lado de la fantasía, no veo el punto que se invierte (es un particular puesto en el lugar de un universal); no veo el conflicto que ocluye y tampoco veo que no puedo participar en esa fantasía. Es por ello que mencioné la cita de Perseo, porque, a pesar de lo que creen muchos posmodernos, considero que sigue siendo intuitivamente correcto, en Marx (a pesar de toda la peligrosidad de la metáfora de la visión), la lógica que no queremos ver a los monstruos en su propia existencia, no por los monstruos mismos. Porque el casco es para soportarlos, por lo tanto, sabemos que los monstruos están; no queremos verlos en su existencia real. Preferimos no ver a estos monstruos, por ello, hablamos de la existencia, de mecanismos de regulación de las sensaciones presentes y vinculadas con el sentido común.

En este sentido, considero que hay que aprender a diferenciar dos cosas: por un lado, las posiciones políticas que uno puede asumir, sabiendo que el capital tiene estas consecuencias, y, por el otro, realizar un análisis crítico del capital como lo estamos haciendo ahora. No creo que las consecuencias políticas que puedan extraerse de esta crítica, tengan sólo que ver con la palabra de uno; la respuesta debe ser colectiva.

Notas

1) Texto original del Seminario "Lógica de una sujeción indeterminada: Una lectura intempestiva de Marx en siglo XXI", 16 de Septiembre de 2005. Agradezco a Ana Cervio la edición del texto realizada en aquellos años.
2) Centro de Investigación e Intervención Social, compuestos por jóvenes sociólogos y estudiantes de la carrera de sociología de la Universidad Nacional de Villa María y Universidad Siglo 21.
3) M= Mercancía, D= Dinero.
4) Žižek, S., *The Sublime Object of Ideology* (London: Verso, 1989).
5) Nombre que se le da en Argentina a los 10 años de la administración de Carlos Menem donde se aplicaron diversos programas neoliberales justificados por economistas ortodoxos.
6) Se hace referencia a Néstor Kirchner.
7) Sabemos que es Engels quien da a la publicación el Libro Segundo con base en el manuscrito V.
8) Ver nuestro análisis sobre este punto en el Capítulo 1
9) Periodista liberal católico que conduce un programa político de gran influencia y que es asociado a las ideas y prácticas de las dictaduras al menos desde la década de los '60.
10) Dirigente máximo de un movimiento social de desocupados Movimiento Independiente de Jubilados y Desocupados (MIJD).
11) Recuérdese que este capítulo se basa en un curso dictado en 2005.
12) Es por esto que uno de los grandes pensadores contemporáneos de la acción colectiva, Alberto Melucci, tenía como logo de su laboratorio a una mariposa.

Referencias bibliográficas

Ahmed, S., "Affective Economies". *Social Text* 22, 2 79 (2004): 117-139.

—. "Collective Feelings. Or, The Impressions Left by Others", *Theory, Culture & Society.* 21, 2 (2004): 25-42.

Alabarces, P., "Culture and the periphery: Nomadic wanderings in the Argentine sociology of culture". *Current Sociology* 60, 5 (2012): 705-718.

Althusser, L. y Balibar, E. *Para leer El Capital.* México: Siglo XXI, 1969.

Armon-Jones, C. "The Thesis of Constructionism". Ed. R. Harré. *The Social Construction of Emotions.* New York: Oxford/Basil Blackwell, 1988.

Bauman, Z. *Por uma sociologia critica. Um ensaio sobre senso comun e emancipação.* Rio de Janeiro: Zhar Editores, 1977.

Bericat Alastuey, E. "La sociología de la emoción y la emoción en la sociología", *Papers* 62 (2000): 145-176.

Blackman, L. y Featherstone, M. "Re-visioning Body & Society", *Body & Society* 16 (2010): 1-5.

Csordas, T. *Embodiment and experience. The existential ground of culture and self.* Cambridge: University Press, 1994.

de Hipona, A. *Principios de Dialéctica.* Bogotá: Uniandes. 2003.

Featherstone, M. "Body, Image and Affect in Consumer Culture". *Body & Society* 16 1 (2010): 193–221.

Flam, H. y King, D. *Emotions and social movements.* London: Routledge, 2004.

Ford, A., Romano, E. y Rivera, J. *Medios de comunicación y cultura popular.* Buenos Aires: Legasa, 1985.

García Canclini, N. *Las Culturas Populares en el Capitalismo.* México: Nueva Imagen/Grijalbo, 1982.

Gottman, J., Fainsilber Katz, L. y Hooven, C. "Parental Meta-Emotion Philosophy and the Emotional Life of Families: Theoretical Models and Preliminary Data". *Journal of Family Psychology* 10, 3 (1996): 243-268.

Gramsci, A. *Cuadernos de la cárcel*. Ed. V. Gerratana. Vol. 1 XVI 1929-1930. Vol. 2 XXIV 1929-1933. México: Ediciones Era, 1981.
Gross, J. J. y Feldman Barrett, L. "Emotion Generation and Emotion Regulation: One or Two Depends on Your Point of View". *Emotion Review* 3 1 (2011): 8-16.
Hochschild, A. R. "Ideology and Emotion Management: A Perspective and Path for Future Research". Ed. T. D. Kemper. *Research Agenda in the Sociology of Emotions*. New York: University of New York Press, 1990.
—. *The Managed Heart. Commercialization on Human Feeling*. Oakland: University of California Press, 2003.
Holmes, M. "The Emotionalization of Reflexivity". *Sociology* 44 1 (2010): 139-154.
Illouz, E. *Intimidades congeladas. Las emociones en el capitalismo*. Madrid: Katz, 2007.
Ingold, T. *The perception of the environment. Essays in livelihood, dwelling and skill*. London/NewYork: Routledge, 2000.
Jasper, J. M. "Emotions and Social Movements Twenty Years of Theory and Research". *Annual Review of Sociology* 37 (2011): 285-303.
Kemper, Th. D. "Social Relations and Emotions: A Structural Approach", en *Research Agendas in the Sociology of Emotions*. Nueva York: State University of New York Press (1990): 207-237.
—. "How Many Emotions Are There? Wedding the Social and the Autonomic Components". *The American Journal of Sociology* 93 2 (1987): 263-289.
—. "Social Constructionist and Positivist Approaches to the Sociology of Emotions Source", *American Journal of Sociology* 87 2 (1981): 336-362.
López Sáenz, M. C. "La fenomenología existencial de M. Merleau-Ponty y la sociología". *Papers. Revista de Sociología* 50 (1996): 209-231.
Lukács, G. *Historia y Conciencia de clase*. La Habana: Instituto del Libro. Editorial de Ciencias Sociales, 1970.
Luna Zamora, R. "La sociología de las emociones como campo disciplinario. Interacciones y estructuras sociales", en A. Scribano y P. Lisdero, *Sensibilidades en juego: miradas múltiples desde los estudios sociales de los cuerpos y las emociones*. Córdoba: CEA-CONICET, 2010.
Marx, C. y Engels, F. *La Ideología Alemana*. Buenos Aires: Ediciones Pueblos Unidos, 1985 [1846].
Marx, C. "18 de Brumario de Luis Bonaparte". Marx, C. y Engels, F. *Obras Escogidas*. Vol. I. Moscú: Edit. Progreso, 1980.
—. "Tesis sobre Feuerbach". Archivo Marx-Engels. *Marxist Internet Archive*. Web.
—. *Cuestionario para una encuesta obrera*, 1880. Web. <http://seminariopedagocrita.blogspot.com.ar/2014/05/cuestionario-para-una-encuesta-obrera.html>.
—. *El Capital*. 3 vols. México: FCE, 2001 [1867].

—. *Elementos fundamentales para la crítica de la economía política*. Borrador 1857-1858. Vol. I. México DF: Siglo XXI, 1971.
—. *Las luchas de clases en Francia*. Buenos Aires: Editorial Claridad, 1973.
—. *Manuscritos: economía y filosofía*. Madrid: Alianza Editorial, 1844 [1974].
—. *Trabajo asalariado y capital*. Madrid: Editorial Halcón, 1968 [1849].
—. *Diferencia de la filosofía de la naturaleza en0 Demócrito y Epicuro*. Madrid: Editorial Ayuso, 1971.
McCarthy, D. E. "The Social Construction of Emotions: New Directions from Culture Theory". *Social Perspectives on Emotion* 2 (1994): 267-279.
Merleau-Ponty, M. *Le Visible et L'Invisible*. Paris: Gallimard, 1960.
Mészáros, I. *Marx's Theory of Alienation*. London: Merlin, 1970.
Pekrun, R. *Emotions and Learning International*. New York: Academy of Education. International Bureau of Education, 2014.
Peña, M. *Masas, caudillos y elites. La dependencia argentina de Yrigoyen a Perón*. Buenos Aires: El Lorraine, 1986.
Postone, M. *Tiempo, trabajo y dominación social*. Barcelona: Marcial Pons, 2006.
Ramos, J. A. *Revolución y Contrarrevolución en la Argentina*. Buenos Aires: Senado de la Nación, 2006.
Scheff, T. J. "Mobilization and Silence: Emotional/Relational Dynamics". *Work*. Santa Barbara: University of California 26 (2006).
Scribano, A. "Cuerpo, Emociones y Teoría Social Clásica. Hacia una sociología del conocimiento de los estudios sociales sobre los cuerpos y las emociones". Eds. José Luis Grosso y María Eugenia Boito. *Cuerpos y Emociones desde América Latina*. Córdoba: CEA-CONICET (2010) 15-38.
—. "Cuerpos y Emociones en *El Capital*". *Revista Nómadas* 38 Bogotá: Universidad Central (2013).
—. "Cuerpos, emociones y sociedad: una lectura desde Walter Benjamin". *Dossiê Sociologia e Antropologia dos Corpos e das Emoções da RBSE – Revista Brasileira de Sociologia da Emoção* 11 33 (2012): 674-696.
—. *Estudios sobre teoría social contemporánea*. Buenos Aires: CICCUS, 2009.
—. "Filosofía de las ciencias sociales y estudios sociales sobre los cuerpos". Eds. Cecilia Hidalgo y Verónica Tozzi. *Filosofía para la ciencia y la sociedad. Indagaciones en honor a Félix Gustavo Schuster*. Buenos Aires: CICCUS-CLACSO (2010): 205-219.
—. "Social-emotional world: Mapping a continent". *Current Sociology* 59 3 (2011): 347–361.
—. "Sociología de los cuerpos/emociones". *Revista Latinoamericana de Estudios sobre Cuerpos, Emociones y Sociedad* 10 4 (2012): 93-113.

—. "Tesis 1: Colonia, Conocimiento(s) y Teorías Sociales del Sur", *Onteaiken Boletín sobre Prácticas y Estudios de Acción Colectiva* 10 5 (2010): 1-22.

—. "Un bosquejo conceptual del estado actual de la sujeción colonial", *Onteaiken Boletín sobre Prácticas y Estudios de Acción Colectiva* 9 5 (2010): 1-26.

—. "Una Sociología de los cuerpos y la emociones desde Carlos Marx" en: *Teoría Social, Cuerpos y Emociones*. Buenos Aires: Estudios Sociológicos Editora (2013).

Scribano, A. y Boito, M. E. "La ciudad sitiada: una reflexión sobre imágenes que expresan el carácter neo-colonial de la ciudad (Córdoba, 2010)". *Actuel Marx Intervenciones* 99 (2010): 239-259.

Scribano, A. y Cervio, A. "La ciudad neo-colonial: ausencias, síntomas y mensajes del poder en la Argentina del siglo XXI". *Revista Sociológica* 2, 2. (2010): 95-116.

Scribano, A., Eynard, M y Huergo, J. "Alimentación, energía y depredación de los bienes comunes: la invisibilidad de la expropiación colonial". *Onteaiken Boletín sobre Prácticas y Estudios de Acción Colectiva* 9, 5 (2010): 26-45.

Sennet, R. *Carne y piedra: el cuerpo y la ciudad en la civilización occidental* Madrid: Alianza, 2007.

Smith, H. y Schneider, A. "Critiquing Models of Emotions", *Sociological Methods & Research* 37, 4 (2009): 560-589.

Smith, N. J. "Body issues: The political economy of male sex work", *Sexualities* 15 5/6 (2012): 586–603.

Sossa Rojas, A. "Cuerpo y sociología. Reflexiones sobre el cuerpo en la teoría sociológica clásica. Exploración al pensamiento de Marx, Durkheim y Weber", *Revista Cultura y Religión* 3, 1 (2009).

—. "La alienación en Marx: el cuerpo como dimensión de Utilidad". *Revista Ciencias Sociales* 25 (2010): 37-55.

Thompson, E. *Tradición, revuelta y consciencia de clase*. Madrid: Editorial Crítica, 1979.

Wirth, W. y Schramm, H. "Media and Emotions" *Communication Research Trends* 24 3 (2005). Web.

Wu, Charlene C., Samanez-Larkin, G. R., Kiefer, K., y Knutson, B. "Affective traits link to reliable neural markers of incentive anticipation", *NeuroImage* 84 (2014): 279-289.

Žižek, S., *The sublime object of ideology*. London: Verso, 1989.

www.ingramcontent.com/pod-product-compliance
Ingram Content Group UK Ltd.
Pitfield, Milton Keynes, MK11 3LW, UK
UKHW041428180426
11947UKWH00007B/342